憲法九条を世界遺産に

太田 光・中沢新一
Ohta Hikari　Nakazawa Shinichi

a pilot of wisdom

目次

構成　宮内千和子
写真　中野　義樹

※

（写真提供　中沢　新一）

対談のまえに

中沢 新一

「爆笑問題」でのパートナーである田中裕二君に、常日頃、太田光君は「お前はあんまりめだつんじゃない」と言っていて、それがあの絶妙なコンビネーションを生んでいるらしいのだが、この対談で僕はどうしても、田中君のような奥ゆかしい立場を守っていることができなかった。だからほんらいならば、太田君のとんがったもの言いに「そんなのあるわけねえだろ」とか「そんなこと聞いてねえよ」とかつっこみを入れることで、ラジカルな内容の話に上手なバランスをつくりだす役目を果たさなければいけないのだろうけれど、この対談では僕までいっしょになってとんがった思考を展開してみせたものだから、ときどきあまりにも深刻な話題の黒雲に正面からつっこんでいってしまい、読者の方々にしばしばひどい揺れや緊張をもとめることになってしまった。「ああ、こんなとき田中君がいてくれたらなあ」と思うこともしばしばで、つくづく話芸というものの深さを思い知らされたのであった。

しかし、こんな危険なアンバランスを覚悟の上で、僕たちはこの対談を敢行しなければならないと考えたのである。長きにわたってメル友を続けてきながら、僕たちの話題はともすれば文学や哲学の周辺をへめぐっていて、政治的な問題を立ち入って語り合うということが少なかった。別にそういう話題を避けていたわけではないのだけれど、なんとなく太田君とはそういうことは話さなくてもいいかな、話さないほうがいいかな、と勝手に思い込んでいたからである。

ところがこのところ、テレビの中の太田君が、真っ正面から日本人の直面している深刻な諸問題を取り上げて、それにラジカルな論評を加えている姿を、よく見かけるようになった。ここまでテレビでやって大丈夫なのかな、お笑いの立場でこんなことを発言すると、またぞろ面倒なことを言い出したがっている人たちの格好の標的になっちゃうぞ、とときどき心配にもなった。しかしそれ以上に、いま僕たちがそれをことばに出して語らなければならないはずなのに、臆病のためか怠惰なためか声高に語るのを避けている重大な事柄を、彼が必死になって語ろうとしている姿に、僕は深く心を打たれたのである。

そのとき僕のなかに、「共同戦線を張らなくっちゃ」という、なつかしい発想がむくむくわきあがってきた。最前線にたったひとりで躍り出て、背後にひとりの援護射撃もない状態で、太田君はラッパを吹いているのである。まだ暖かいベッドのなかで眠りこけている仲間たちにむかっての起床ラッパのようにも聞こえるし、いきづまった現状を打破するために前に進もうと呼びかけているラッパのようにも聞こえる。いずれにしても、どこか切ない響きがある。

こうして援軍を決意した僕は、太田君がラッパを吹いている前線あたりまででかけてきた。だがすぐに気がついたことは、そこがあまりに取り扱うことの難しい「ことばの戦場」であるということだった。みんなが尻込みする理由もよくわかる。こんなところに足をつっこんだが最後、無傷で生還できることなどは、とてもできそうにもない。ことばの技術、表現の技術を磨き上げていくことが、どれほど大切で難しいことかを、たちまちにして思い知らされることになった。気を抜くと、すぐに平和主義の沼地に足をすべらせてはまり込むことになったり、気を入れすぎると、国家主義運動に打ち込んでいた宮沢賢治のすぐとなりを走っている自分に気づくことになる。

「ことばの戦場」をたたかいぬくのは、ほんとうにむずかしい。でも僕はいま多くの仲間たちに呼びかけたい。ことばは世界を表現するためにあるのではなく、世界を変えるためにあるのだから、いま僕たちが使っているこのことばに、世界を変えるための力を取り戻してやろうではないか。お笑いのことば、きまじめなことば、理論的なことば、官能的なことば、音楽とともにあることば……。僕たちは感覚と想像と思考の力を総動員して、ことばに世界を変える力をよみがえらせていきたいと思う。

日本国憲法第九条

日本国民は、正義と秩序を基調とする国際平和を誠実に希求し、国権の発動たる戦争と、武力による威嚇又は武力の行使は、国際紛争を解決する手段としては、永久にこれを放棄する。

②前項の目的を達するため、陸海空軍その他の戦力は、これを保持しない。国の交戦権は、これを認めない。

第一章　宮沢賢治と日本国憲法

――その矛盾をはらんだ平和思想

日本に広がる憲法改正への動き

中沢　憲法改正論議が盛んになっていますが、太田さんの最近の発言や書かれているものを見ていると、まったくそのとおりだなあ、同じことを考えているなあと思うことが、じつに多いんです。僕たち、といいますと僕や高橋源一郎さんなどの世代ですが、僕たちは全共闘運動後の、あまり政治発言を好まないといわれた世代ですけれど、太田さんがいま考えていることと自分が考えてきたこととが、あまりによく似ていることに、正直驚きを隠せません。そこで、憲法の問題などについて、この時期に太田さんとちゃんと話しておきたいなと思いました。いったいなにが怖いのか、みんな自分の考えていることを、思い切ってしゃべらなくなっているような気がします。そういう時代に、太田さんのように、まだことばを使って表現をおこなうことで、世界を変えていくことができるかも知れないと考えて、それを大胆に実行している人は、ほんとうにめずらしいと思うんだ。

太田　中沢さんからメールをいただいたときに、ああ助かったという感覚があったんです。僕はこのところ、いろんなところで戦争とか平和について発言したり、書いたりしているけれど、自分の限界を感じていたんです。単なるお笑い芸人がこんな発言をしていいのかというジレンマがずっとあったし、自分一人で言っていることが怖くもあった。それで今回は、ちょっと甘えさせてもらおうかと（笑）。

中沢 いいよお、甘えてください（笑）。

太田 中沢新一といえば、日本の思想界の巨人ですから、その人と話すことで、自分の言っていることが何かの説得力になるかもしれないと。悪い意味で言うと、中沢新一という名前を利用させていただくという魂胆もありまして（笑）。

中沢 思想界の巨人ねえ（笑）。でも、自分の使う言葉の威力を試したり、鍛えたりするトレーニングの相手として、どうぞ利用してください。

太田 ただのお笑いが自分の正義感を語ってどうするんだと言われれば、確かにそのとおりで、それをコメディに出来ずにストレートに言葉で言うしかないのは僕の芸のなさとしか言いようがないんですけど。今、憲法九条が改正されるという流れになりつつある中で、十年先、二十年先の日本人が、「何であの時点で憲法を変えちゃったのか、あの時の日本人は何をしてたのか」となった時に、僕達はまさにその当事者になってしまうわけじゃないですか。それだけは避けたいなという気持ち、そうならないための自分とこの世界に対する使命感のようなものがすごくあるんです。

中沢 この間、舛添要一《ますぞえよういち》さんの書いた憲法草案というのを読みました。土台の問題は全部考えないでおこうとしている、バランスいいだけのただの作文だなあ、と思いました。それは、平和憲法を守れ、だって、問題なくいいものなのだから、とにかく守れと言っている人たちも同じことで、土台の問題にたいしてはまったくの無思考といっていい。日本国憲法がすでに日本人の精神土壌に、ある部分ではすっかり根付いてしまっている、という のは自民党草案を見てもよくわかります。ところがもう一方では、同じ日本人の精神土壌の名前をもって、この憲法を否定しようとする強い勢力があります。つまり、憲法を支えるべき土台の部分で、すでに分裂がおこってしまっているわけです。なにかがこんがらがってしまっています。このこんがらがった糸玉をほぐす努力を今しておかないで、現在の国際情勢などというものに押されるようにして憲法を改正してしまうと、僕たちの時代は将来の日本人にたいしてひどい汚点を残すことになってしまうでしょう。だから、太田さんが感じている使命感は、まったく正しいものだと思う。日本人の思考にとって、いちばん大きな混乱のもとは、戦争に突入し、戦争を遂行していった戦前の日本と、戦後の平和憲法のもとに発展をとげてきた日本とが、いったいどの部分では切れていて、どの部分ではつながったままでいるかということが、あいまいなままにされてきたことにあるでしょう。いま仮に憲法を改正したとしても、それで日本が戦争をふたたび遂行する国家にすぐさま変貌していくとは、なかなか考えにくいことで、この点ではたしかに戦後の日本人は過去のなにかを切り捨ててきた、といえるかも知れません。でも、別の面ではあいかわらず、まともな異論を唱えようとする人々を黙らせてしまおうとする、嫌な精神土壌はそのまま生き続けているでしょう。こういうこんがらがった状態をいっこうに抜け出していないわれわれが、憲法を改正してしまうなどという、重大な決断をくだしてしまう資格がはたしてあるのだろうか。自分たちがいま本当にやらなければならないことを放棄しておいて、感情的な判断に押されて、無思考のまま重大な決断をくだしてはいけないんじゃないか、というじつにまともな意見を、ただのお笑い芸人がお笑いをとおして表現できたら、そりゃ最高のことじゃない。太田くんは別にイデオロギーを語ってるわけじゃないもんね。正義感だけだとも思わないな。

太田　イラクの人質事件では、それを強く感じましたね。あのとき、自己責任という言葉がわーっと吹き荒れて、人質の家族の、自分の子供の命を救ってほしいという願いですら、口に出せなくなってしまった。国ではなく、国民が率先して、人質になった人や家族をバッシングしましたよね。そんな空気に違和感を抱いている人も、下手なことを言うと、自分もバッシングを受けるんじゃないかと黙ってしまった。あの空気は、ある一方向にワーッと流れていく戦前の雰囲気にすごく似ているんじゃないかと思いました。素直に自分が思っていることを表現すると、世の中から抹殺されることにもなりかねない。その意味ではかなり怖い状況になっていると思う。

宮沢賢治と政治思想

中沢　そこで今日はまず、いまの日本人にとっていちばん大きな問題となっているこの憲法を、宮沢賢治の思想を鏡にして、二人で考えていってみようと思うんです。意外なようだけど、宮沢賢治はこの問題に深くコミットしています。戦争に突入していった日本と、戦後の平和憲法のもとにかたちづくられてきた日本人の精神とをつないでいる、「隠れた絆《きずな》」

みたいなものを、彼の思想はとてもよく表しているように思うからです。

太田　実は僕も今回の対談で一番お聞きしたかったのが、宮沢賢治のことなんです。あれほど動物や自然を愛し、命の大切さを語っていた賢治が、なぜ田中智学《ちがく》や石原莞爾《かんじ》のような日蓮主義者たちの思想に傾倒していったのか、そこがわからない。僕は賢治の作品を信頼するけれど、戦争は否定したい。そこが相容れない。おそらく賢治は満州事変なども肯定するわけです。ここで単に賢治が間違っていたのだと言ってしまえば簡単なんですが、彼ほどの感性を持った人が間違っていたわけがないとも思える。少なくとも彼の書いているものを読むかぎり、彼の感性を信じたいと思う。彼の感性を信じるならば、むしろ田中智学の思想を「間違いだった」ですましてきた戦後の判断を疑うべきではないか。賢治を信じる限り、「田中智学は悪だった」ではすまなくなる。

中沢　宮沢賢治の研究者には、その部分を語りたがらない人が多いですね。たしかにある時期、宮沢賢治は田中智学の思想に傾倒して、研究会へ出たり、宣伝活動みたいなことまでしています。それってずいぶん変な行動のように見えるんだけれど、もしも僕たちが当時の日本に生きていたとしたら、やっぱり田中智学という人は魅力的に見えたんじゃないかと思うんです。とってもストレートな論理と物言いで、神道と日蓮宗を結合して、それを天皇を中心とする日本の国体という考えでまとめてみせた。西欧的な見方によるんじゃなくて、日本人のやり方で世界史をまるごと理解してみせたうえで、危機的な状況の新しい日本の方向性を示そうとした。そういう田中智学の思想に、宮沢賢治は深い共感を覚えて、それこそ、雨にも負けず風にも負けず、その活動に邁進していこうとしていました。でも賢治研究者の多くは、それは一時的なことで、賢治の文学にとってはよけいな寄り道みたいなものだった、ですまそうとしてきた。

太田 賢治は、田中智学の思想のどこに惹《ひ》かれたんでしょうか。

中沢 田中智学の思想が、日本人が明治の開国以来ずっと感じ続けていた違和感に、ぴったりの表現を与えてしまったからじゃないでしょうか。だから日本人の多くが、「あっ、これだ」と飛びついてしまった。西欧の合理主義やモダニズムにはない思考があって、それが受け皿をもたなかった感情をワーッと吸い込んだ。だからあれほどの影響力を持ったんだと思います。その感情に突き動かされて戦争に突っ込んで、日本は崩壊へなだれ込んでいきました。その思考や感覚と、戦後になってあの尋常ならざる憲法を日本人が「これこそ求めていたものだ」と熱狂的に受け入れた思考と感覚とが、僕にはまるでひとつながりのもののように見えるんです。宮沢賢治が田中智学の思想に共感して、それからたくさんの童話を生みだしていった道筋とも、それは深いところでつながっているように見えます。平和憲法はもう日本人の精神や思考の深いところに根を下ろしていますが、それはなかなか複雑なものを抱え込んでいて、一筋縄ではいかないところがある。太田さんが宮沢賢治にたいして抱いている共感と違和感の源泉っていうのが、そのあたりに関係しているんじゃないだろうか、と僕は思うわけです。

田中智学の書いたものを読んでいて、意外にもいろいろと納得させられるところがあります。たとえば八紘一宇の考えは、西欧的な「世界」という考えから生みだされてきたEUの思想と、よく似たつくりをしています。違うところといえば、西欧の言う「世界」は近代的な理性を背景にしてますが、田中智学の「世界」は近代以前の世界をひとつにまとめていた農耕する社会がもとになっているところだけです。ドイツなどのファシズムというのと、ちょっと違うんですね。ただこの論理を独走させると、思想というものがわかっていない政治家や軍人の頭に結びついて、とんでもないところに走っていく可能性ははっきり見えます。だから宮沢賢治という人は、早死をしたおかげで、自分の思想がとてつもないところにたどりついてしまったかも知れない、その結果を見ないですんだ、ともいえるかも知れないね。

太田　自分が傾倒していた思想が、やがて人と人が殺し合う戦争になるとは、賢治にしても想像が及ばなかった、ということですね。つまり、中央のインテリの創る理想と、それを現実化するために実行する市民達の目の前に起きる現実とのギャップ。

中沢　宮沢賢治は、いろいろな事情でこの活動をやめて、童話の創造に没入するようになります。そこから次々とあの傑作群が生みだされた。生前のゴッホのように、彼はほとんど原稿料というものをもらっていないんですね。ちょっとした原稿料が入ったのは一本だけで、あとは書いたものがお金になるということはなかった。そんな状態で、取り憑《っ》かれたように、創作活動に没頭しています。

　宮沢賢治が一時期のめりこんだ政治活動と、童話の創作活動がどういう関係にあったのか。政治活動を否定したことによって、そこからあの童話の世界が生まれたのではなく、このふたつはじつはほとんど同時現象なんですね。あの奇蹟のような傑作群と、危険なユートピア思想への傾倒は、深くつながっている。これが大きな謎を僕たちに突きつけてる。改めて宮沢賢治の作品を読んでみると、戦争に突入していく日本の国策にも関係する思想に、そんなに深く彼が共鳴していたとは、ちょっと信じられないくらいです。『なめとこ山の熊』を描いた人が、なぜ戦争に向かっていく政治思想に共鳴していたのか。むしろ相反しているように見えるでしょう。

太田　僕もそう思います。でも、政治活動にのめり込んでいた賢治は、本気だったと思うんです。僕がものたりなく感じるのは、後々の宮沢賢治の研究で、平和思想ばかりを取り上げ、その部分を「一時の気の迷い」としてすませたり、あるいは『宮澤賢治殺人事件』(吉田司著・太田出版)のように、叩くだけ叩いて否定する。そのどちらかの態度でしかない。

彼が残した作品を読めば、あの感受性はやはり信頼に足る作家だと思うし、僕としては肯定したいんです。けれど、彼の信じたものは何だったのか、なぜ彼がそちらの方向に行ったのか、そこが解明されないと、肯定しようがない。

中沢　そこを解明できないと、日本人は一歩も先へ進めないような気さえします。宮沢賢治の童話の世界では、人間と動物の世界の関係がいつも大きなテーマになっています。強い人間たちに対する憤りが随所にほとばしっている。その強い人間たちは、動物たちを虐《しいた》げたり、弱いものを虐げたりしている。宮沢賢治は、そういう強いものたちが支配する社会を覆したいと思って、あの童話を書いていたんですね。

彼の童話には、人間と動物のコミュニケーションが回復される場面が頻繁に出てきます。現実の世界では、動物と人間の世界は完全なディスコミュニケーションの状態で、動物の思いは人間に伝わらないし、人間の思いを受け止めるほど、動物は人間を信用していない。それにもかかわらず、宮沢賢治は両者のコミュニケーションの可能性を描こうとした。熊と人間が思いを通わすことは可能だし、そうしなければよりよい社会は作れない、という考えです。そうやって、虐げられているもの、弱いもの、声を出さないものの声を、聞き取らなければいけない。そういう社会がつくり上げられなければいけないという思想が、あの童話群にはみなぎっている。太田さんの言うように、彼がつくりだそうとしていた表現方法こそが、今の世界に蔓延するディスコミュニケーションを超えるヒントになるだろうと、僕も思います。

太田　その意味では、僕も同感だし、賢治を肯定したいんです。しかし、賢治を肯定するには、もう一度戦前の日本を検証し直さないといけないんじゃないかと思う。つまり、戦後日本人がタブーとした戦前の思想。見たらそこに戻ってしまうのではないかという恐怖のあまり蓋をして未だに見ないようにしている部分。その蓋を恐怖に負けずに開ける作業。それをやらないと、憲法九条の問題の答えも出てこないと思います。

賢治の抱えていた矛盾と葛藤

中沢　憲法の問題を考えるとき、宮沢賢治は最大のキーパーソンです。平和とそれがはらんでいる矛盾について、あれほど矛盾に満ちた場所に立って考え抜こうとしていた人はいませんからね。動物と人間の間の平和について考えていましたが、その背景には動物と人間との戦争という現実があり、その上で平和の実現は可能だろうかと考えました。ふつう戦争といえば人間同士の殺し合いのことばかりを考えて、人間が動物を殺している現実にはみんな思いがいたりません。宮沢賢治は「戦争」をとても大きな概念でとらえていたわけですね。その上で、平和の意味について深く考えようとしていた。このあたりが戦後の平和思想との大きな違いなんだと思います。

宮沢賢治の童話が、戦後の平和思想を推し進める日本人の感情や思考を支える役目をしてきたことは、たしかなんだと思います。そして戦後の日本をつくってきたいろんな価値の象徴として、憲法九条というものがあります。その意味では、賢治の思想は明らかに現在の憲法とつながっています。しかし、宮沢賢治が表現活動をおこなっていた現場に立ち会ってみると、そこにはおよそ戦後の日本人のものの考え方とは相容れないものが沸きたっています。すごい矛盾が沸きたっている。それなのに、賢治の研究者もほとんどの愛読者も、そのことには気がつかないか、気がついても見えないふりをしてきた。だから太田さんが、この矛盾に気づいて、それを勇気をもってしゃべり出してくれたことに、僕はとっても心強いものを感じたんです。僕自身がそのことに、若いころからずっと悩まされてきましたから。

太田　宮沢賢治の抱えていた矛盾とは何だろう。彼の作品の中には正義や愛があふれているけれど、正義こそが結果として人を殺す思想にもつながっていく。そこを深く見つめなおさないと、もう一度同じことが起こると思うんです。

例えば、僕自身はホリエモンのことを、好きでもなければ、肯定する気もないけれど、彼のやり方に賛同した人たちがあんなにいたわけじゃないですか。「ルール内であれば、何やってもＯＫ。そのルールにも抜け道はいくらでもあるよ」というホリエモンのやり方に、若者たちはカリスマ性を感じていましたね。ところが、いざ彼が法律を踏み越えて逮捕ということになったら、全否定する。賢治が政治活動をしたということで、彼を否定するやり方と同じですよね。彼らは何のためにホリエモンを支持したのか。今、全否定するなら、それは自分の過去を否定し、共鳴した自分をも消し去ることになる。それでは、あの時点の自分は何だったのかという、反省も自己検証もできないでしょう。

中沢　自分の中の矛盾を徹底的に受け入れないという姿勢ですね。

太田　先ほど中沢さんが、日常のささやかなコミュニケーションも誤解だらけだと言いましたが、そこにはもう一つ大事なことがあると思うんです。僕が何か話しても、受け止める相手には必ず誤解がある。その誤解をなくそうとやりとりをするのがコミュニケーションです。しかし、一方では「誤解をする」ことは、大切なことでもあるんですね。その誤解にこそ、人の個性があると僕は思っているんです。

少し前に僕は、テリー・ギリアムという映画監督と対談をしました。ギリアムの『フィッシャー・キング』という作品が好きで、あるシーンについて、「あれはこういう意味ですよね」と彼に聞いた。すると「それは違うよ。おまえの解釈は間違ってるよ」と言われたんです。そこで僕は彼にこう言った。「いや、あなたのほうこそ間違ってる。僕が解釈したことに、あなたがとやかく言う筋合いはないよ」と（笑）。

中沢　やりますね（笑）。

太田　ギリアムにとっては、僕の解釈は誤解かもしれない。でも、その誤解こそが僕の個性なんだし、もっと言えば誤解にこそ意味があると思うんです。芸術作品を見たときに、感動するのは、そこに誤解というギャップがあるからでしょう。作者の意図とは違うところで感動が生まれることはいくらでもあるし、むしろその幅が作品の力であると思う。

僕の中に、誤解をなくしたいと思う一方で、誤解を大事に思う気持ちもあるから、すごく問題が難しくなってきます。

中沢　みんな同じように感動したら、むしろ気持ち悪いからね。

太田　ありえません。人間がみんな無個性になってしまう。

賢治が乗り越えようとしたもの

中沢　僕、犬と散歩するのがとても好きでした。過去形でいうのは、愛犬が亡くなってしまったからね。犬と人間との関係は、わずかなコミュニケーションとほとんど大部分のディスコミュニケーションでできています。おたがい誤解だらけです。しゃべりかけると「ワン」と返事をするけれど、ほとんどが誤解の「ワン」です。長い間つきあっていると、だんだんと了解も増えてくるんですが、当たっている部分もかなりおおざっぱな了解でしょう。だけど、そうやって犬と散歩していると、世界ってこんなふうにできているんだなって、しばしば感動を覚えます。夕焼け空の下を散歩しながら、「ああ、夕日がきれいだな」って、僕は感動しているのに、犬は夕焼け空には全然関心がない。地面をクンクンして、おしっこ探しをしている。「おまえも少し感動しろよ」と言うと、「ワン」と元気にほえるけど、おたがいがまったく違うことを考えていて（笑）。

世界がそんなふうにできていることに、喜びを感じるんですね。犬は散歩に目的を持っています。自分の縄張りにおしっこをし、他の犬が残したおしっこを嗅いで、そのおしっこで書かれた手紙への返事を書くために散歩している。僕はそうじゃなく、空気を感じたり、光の変化を感じたりするために歩いている。しかし、一人と一匹で、それぞれまったく別のことを感じているんだけれど、そこに絶妙なペアが発生しているんですね。

生物の心の構造はみんな違うわけですから、同じ現場にいても、違う世界を見ている。昆虫はたくさんの眼を持ち、僕ら人間が二つの眼でとらえている世界を、違う色感と形の構造でとらえて見ている。そう考えると、この宇宙は千差万別で、どれが正しいということはないんですね。人間が見ている世界だけが正しいわけじゃない。ミミズが、周りの感触だけで理解している世界だって、間違ってなんかいない。

ただし、人間の場合は、ある程度条件付けが似ていて、同じ国語を話していると、言語コミュニケーションがわりと簡単にできる。外国語だとそこに少しクッションが入るけれど、他の生物よりは誤解も少なく、共同体がつくりやすい。でもひとりひとりは自分の幻想の中から世界を見ていて、おたがいの間に透明な了解なんかできっこない。でもそれでいいんじゃないか。つまり、違う意識の構造を持った者同士が、誤解を伴ったディスコミュニケーションをすることによって世界は成り立っている。そこには、無数の誤解やずれがあるけれど、そのディスコミュニケーションの中で、この世界の豊かさがつくられているとも言えます。

市民社会レベルまではそれでいい。ところがそれがどこかで反転をおこす。たぶん宗教、国家、法という、現実を離れた大きな幻想が関わってくるとき、共同体というものがディスコミュニケーションを複雑に調整しながらできていることじたいが、非常に危険な作用を及ぼすことになります。国家も法も、単一の価値を立てようとします。宗教は、いっそう単一な価値を立てて、そこに人格全体を巻き込んだ意味づけをしようとする。

そうなると、国家、宗教、法が作動している世界と、ディスコミュニケーションを命として、豊かな世界を育んでいる世界との間に、大きな齟齬《そご》が生じてきます。この食い違いが次第に大きくなり、国家的な規模の政策の中に人間が巻き込まれていくときに、ディスコミュニケーションが、危険なマイナス要素に変貌していきます。

法律も宗教も、人間からディスコミュニケーションをなくして、みんな同じことを考えれば世界は完璧なものになると考えていますね。みんな同じ宗教を信じ、同じ神様に心を向けていれば、最高の共同体ができると思っている。それを信じている人々の間では、矛盾が発生しにくいですね。
ところが、僕らの世界は、ディスコミュニケーションでできている。宮沢賢治は、この世界がディスコミュニケーションでつくられているということに、ものすごく悩んだ作家だと思います。これを乗り越えたいと思っていた。他人の苦しみが自分の苦しみと同じであるような状態をつくりあげたいと思っていた。そんなときに、彼は宗教的思想にのめり込んだのだと思います。宗教的思想の中に、自分の理想を見いだそうとした。だからこそ、ディスコミュニケーションをなくして、人々が正しい考え方を持って、理想の社会へ向かっていくための運動にのめり込んでいったのでしょう。

太田　田中智学の描いた世界が、賢治の理想郷と合致した、と。

童話に込められた理想郷への熱情

中沢　童話の中でも、よく似た状況がおこっています。人間と動物のように、おたがいの心が通じ合えなくなってしまったもの同士に、コミュニケーションを発生させようとしています。ある意味では、宗教がやろうとしていたことと、宮沢賢治が童話でやろうとしていたことは、深いところでつながっています。そればかりじゃなくて、二十世紀初頭の世界を突き動かしていた、革命的な政治思想ともつながっている。

じっさい宮沢賢治の思想の中には、宗教的な考え方だけではなく、当時のソビエトの実験からの影響を見ることもできます。たとえば『月夜のでんしんばしら』や『シグナルとシグナレス』など、賢治の作品には、電信柱を主人公にした童話がたくさんありますが、それを読むと、これはシベリアを電化しようとしていたレーニンの政策の影響じゃないか、と思えるところがあります。

太田　シベリアの電化というのは、何ですか?

中沢　レーニンは少し変なところがあるんですが、ある科学者の案を受け入れて、シベリアの電化を考えたんです。電線の周りに発生する電磁波で、気流の流れを変え、気候を変えようという案です。シベリアに送電線を張りめぐらせ、人々の暮らしを電化すると同時に、電線の電磁波力で、シベリアの厳しい気候を温暖化させていこう、そうしてシベリアで農業ができるようにしようと、本気で考えていた。電信柱こそ、そういう理想の象徴だったわけですね。

宮沢賢治の『農民芸術概論』などを読むと、電化政策も含めて、社会主義の影響を受けていたと思わざるをえない部分がたくさんあります。理想世界の建設へ二十世紀前半の人間を駆り立てていった熱情と、深いところでリンクしているのを感じます。

『月夜のでんしんばしら』で、電信柱が軍歌を歌いながら、大股でいっせいに歩き出していくシーンがありますね。

〈さつきから線路の左がはで、ぐわあん、ぐわあんとうなつてゐたでんしんばしらの列が大威張りで一ぺんに北のはうへ歩きだしました。みんな六つの瀬戸もののエボレットを飾り、てつぺんにはりがねの槍をつけた亜鉛《とたん》のしやつぽをかぶつて、片脚でひよいひよいやつて行くのです。（中略）うなりもだんだん高くなつて、いまはいかにも昔ふうの立派な軍歌に変つてしまひました。〉（ちくま文庫・宮沢賢治全集8所収『月夜のでんしんばしら』より）

子供のころ、ソ連のニュース映画で、シベリアに送電線が走っている風景を見たことがあるんですが、この童話のシーンにそっくりでした。そういう映像を賢治が目にしていたかどうかはわかりません。しかし凍土《ツンドラ》に凍《い》てついたシベリアに電気を通そうという発想じたい、シベリア世界とのディスコミュニケーションを溶解していこうという発想そのものが、どこか宗教的です。そういう宗教的情熱の一つの表現がロシア革命でしたし、じつはドイツや日本を戦争へと突き動かしていった思想にも、それとよく似た宗教的な思考方法があると思います。

宮沢賢治の童話は、ディスコミュニケーションに閉ざされた世界を乗り越えたいという、強烈な宗教的願望に、突き動かされていますが、そこから政治化された宗教思考の世界までは、ほんの一歩です。そういう思考と、戦後の平和思想が無関係かというと、そんなことはない。そこでも人々の間に透明なコミュニケーションと繁栄をもたらすものが、強烈に求められていたでしょう。平和思想もまた、別のかたちをとった宗教思考だったのではないか。その意味で、宮沢賢治は戦前の戦争的思考と戦後の平和的思想をつないでいる存在です。だから、彼は重要なんです。

愛への恐れから生まれた貨幣

太田　今の宗教の話で、最近ちょっと考えたことがあるんです。僕は神様を信じることは、しょせん擬人化じゃないかと以前は思っていた。しかし最近ふと、その擬人化こそが愛情ではないかと思ったんです。物に対する愛着も、擬人化です。さっき中沢さんが犬の散歩の話をしたけれど、犬を愛するのもひとつの擬人化です。すると、愛情が強い人ほど、擬人化したがる傾向にある。宮沢賢治もまさにそうで、動物たちを擬人化して童話に登場させていった。

人間同士も、相手を愛するためには、自分なりに相手の像をつくりあげて、理解し合おうとする。勝手に相手の像をつくりあげるわけだから、これもひとつの擬人化的行為ですよね。先程のテリー・ギリアムの作品に対する僕の「誤解」も擬人化です。賢治のように、人間や動物、自然への愛情が深い人ほど、擬人化の思想にのめり込んでいく。その先にあるのは何だろうか。強烈な愛情ほど、人を深く傷つける可能性を含んでいる。深い愛情をもって、人を殺すということが起こり得るのではないかと、考えてしまうわけです。賢治が宗教的思想に傾倒したのは、愛が深かったゆえの業《ごう》ではないかと。

平和の問題というのは、最終的には、人間の持っている愛とは何かという問題に突き当たると思うんです。愛が人類を破滅させる危険も十分にある。愛がなければ、戦争も起きませんからね。

中沢　愛がなければ、憎しみもわかないもんね。

太田　そうすると、愛とは何かを一度疑ってみる必要がある。僕ら人間がやることは、善悪の範疇では収まらないし、愛情が人を殺すこともある。むしろそのほうが多いとさえいえます。それを考えると、自分の中の愛情を疑ってみたり、恐れる態度も必要なんじゃないかと思うんです。

中沢　太田さんのいまの言い方を借りれば、人間は愛情への恐れから、貨幣をつくり出したということにもなるでしょう。愛情があれば擬人化もするし、物に想いも込めてしまいます。すると考えはアニミズムになっていきます。だから昔の人たちは、アニミズムの傾向が強くて、木にも、川の水にも、風にも人格を認めて、話しかけていた。昔の人はほんとうに愛情深い人たちだったと思います。

そういう世界では、物の交換はギフト（贈与）としておこなわれるようになる。ギフトでは、物を与えるときに、その物に想いを込めるんですね。つまり、ギフトによる物の交換をおこなう社会では、交換とは常に愛の交換でもあった。ところが、その愛情ゆえに戦争が発生します。未開社会の戦争を見ると、結婚にまつわることが多い。戦争をしている者同士は、嫁さんと自分の妹や姉さんを交換していたりする。自分の一番の愛着の対象を戦争の相手にしているわけです。だからこそ、トラブルが発生すると深刻になる。

首狩りの風習は、こういう背景の中で起こっています。太田さんの言う、愛情が戦争の背景になっているというのは、まったくそのとおりです。

ほとばしる愛の諸刃

中沢　そこである時、人間は気がついた。物の交換に愛が付随すると、事態が複雑になると。そこで、物を今まで持っていた人の所有権から切り離し、別の場所に集めようと考える。それが市という概念で、今のマーケットの原型です。市というのは、神様や仏様が支配している場所で、そこに品物を持っていくと、所有権が完全に切れるように決められた。商人が仲立ちして、人々が所有権の切れた品物をお金で交換するようになり、だんだん物の移動が楽になっていくわけです。ここから資本主義が発達してきます。

こうして資本主義の大もとを考えてみると、愛への恐れが社会をつくったということになる。ある時期までは、このシステムは非常に有効に作動したんですね。だって、面倒じゃなくなりましたもの。僕らが持っている眼鏡なり、万年筆なり、その眼鏡は福井の眼鏡匠の誰々が想いを込めてつくったものだよ、その万年筆は誰それのおじいさんの代から受け継がれているものだよ、なんて一々言われたら、何も捨てられなくなってしまうし、社会の動きが面倒くさくなります。日々の暮らしを合理的にスピーディーにやり過ごしていくために、愛の切り離しを行った。

だから、資本主義社会に愛がないのは、当然なんです。愛を恐れたんだから。

太田　でも、人間には愛があるし、貨幣では交換できない価値もある。

中沢　そうなんだね。その愛情ゆえに、自分とは違うものとの間にコミュニケーションを発生させようとするし、ディスコミュニケーションの壁を乗り越えたいと思う。動物を擬人化してまで、ネズミをミッキーマウスにしてまで、コミュニケーションしたいと思うわけです。子供たちには、この願望がすごく強いですね。子供たちがまわりの世界とまだよくつながっているからでしょう。母親の愛情からまだ切り離されてない幼児は、この世界は愛に満ちていると感じている。ピーターラビットにしても、くまのプーさんにしても、いろんな動物を擬人化して、動物たちの世界との間に愛を実現させたいと思っています。

宮沢賢治の場合は、その欲望が人並みはずれて強かったんでしょう。しかし、この愛ゆえに、危険な思想も生まれるんですね。ロシア革命に突き動かされていった人たちの書いたものなどを読むと、宗教的なものの好きな僕は、そこにしばしば崇高な愛を感じます。ハイデッガーの哲学だって、そういう愛と無縁ではないんですよ。

神話の語り部もそうでした。日頃は動物を狩りで殺しているんだけれど、神話を語るときは、動物と語り合うんです。同じ仲間になる。そこには動物への共感と愛がほとばしっている。あのナチズムの場合でさえ、血が結び合う共同体への歪《ゆが》んだ愛情が、ドイツ人をあそこまで連れていってしまった。当時のすぐれたドイツの思想家でさえ、ナチズムの発想にはなにかよいものがあると認めていました。それは思想というものが、なんらかのかたちで愛に関わりを持っているからだと思います。ほんとうに微妙なものなんですよ。真理はいつも危険なもののそばにあって、それを求めると、間違った道に踏み込む可能性のほうが大きいんです。ロシア革命は、スターリニズムを生みます。スターリンという人間は、伝記などを読むとずいぶん身内には愛情深い男だったらしいけれど、その愛情が非人間的な道に彼を導いたともいえるでしょう。

歴史の現実を前にして、戦後の人たちはまず神話や政治的なイデオロギーを否定しました。そして、人間の世界を強烈に突き動かす力を持つ、愛に満ちたもの、神話的な魅力に満ちたものにたいして、極端な警戒心を抱くようになった。アメリカ的な資本主義とそれがつくりあげる社会は、そういう警戒心にぴったりくるものでした。この社会は大いに愛について語ることを好む社会ですが、本質的に愛の危険性に気づいた人間たちがつくりあげる経済システムですから、どんどん拡大していった。そんな矛盾を抱えつつ、戦後の体制はつくられてきたのだと思います。

だから、宮沢賢治の中にある、危険な政治思想への傾きは見えないように隠して、彼の愛に満ちた童話の世界だけを、高く評価してきたのでしょう。しかし、二人の宮沢賢治なんていなくて、田中智学に共感する宮沢賢治と童話作家宮沢賢治は、完全に同一人物です。ここのところを隠してはいけない。それと同じように、日本は、平和憲法と資本主義の二本立てで戦後体制をつくってきたけれど、その資本主義がいまとても危ないところに来ているのは、誰の目にもあきらかです。一方で、平和憲法の築きあげてきた神話的秩序もぐらついてきている。だから現在の憲法をめぐる議論は、なにか重要なことをひたすら見ないようにしているとしか思えないんですが、それが宮沢賢治の身に起こったこととそっくりだと、思うわけです。

二十一世紀に宮沢賢治を検証する意味

太田　逆にいえば、今、宮沢賢治を検証することは、これからの日本を考える上でも、大事な意味を持ってくるということですね。賢治の童話で、動物たちの未熟な愛、不器用な愛が相手を傷つける場面が、しばしば登場します。愛情とは、いつも諸刃であって、愛情が相手を傷つけることがあるのだ、ということを、考えなければいけないと思うんです。愛情を表現すれば相手を傷つける、しかしそこから逃げずに自分と対峙する。賢治が表現したかったのは、そこじゃないかと思う。

今の日本の風潮では、癒しという言葉が流行になって、人間でさえ〝癒し系〟とかカテゴライズされたりする。愛情をはき違えていますよね。愛情というのは、すべてを包み込む、ぽかぽかとした温かいもの……。

中沢　そして、傷つかないものと思い込んでいる。

太田　それが恋愛にも反映されていますね。恋愛をして、相手に愛を感じているとき、お互いを傷つけ合うことはあって当然なのに、「これは愛じゃない」と思ってしまったり、自分の愛情に自信が持てなくなったりする。

誰も傷つけず、ぽかぽかして、相手を包み込んでくれるような愛なんて、人間は持てないと思います。神の愛を無償の愛というけれど、人間がその愛を望むのは、思い上がりというものでしょう。

以前、オウム事件が起きたときに、オウムのホームページを覗いてみたことがあるんです。そこで、麻原が「最近は一般の人々が、愛情とエゴイズムを混同している」と語っていた。それを読んだときに、いや、エゴイズムこそ愛だろうと反発を覚えたんですね。麻原は、おそらく自分が神になりたかったんだと思う。神の愛を持ちなさい。憎しみは捨てて、もう一つ上のステージの愛を持ちなさい。その愛を持てない人間は、ダメな人間だと、否定した。だから、みんな殺せというところにつながっていったんです。

癒しという言葉に、わーっとむらがっている人々にも、僕はオウムに近いものを感じてしまうんですね。人間の愛は、もっともっと未熟で、危ういものなのに、そうじゃないところにいこうとしているように見える。誰かを憎んだり、傷ついたりすることはすごく人間的なことなんだけれど、そこを否定して、逃げようとしているんじゃないか。過去の戦争も忘れたふりをしている。それじゃダメだろうと思う。戦争や、愛情から発生するネガティブな感情を否定することは、人間そのものを否定することですよね。

だから、僕は、ここで過去に起きた戦争を一回肯定してみる必要があるんじゃないかと思います。宮沢賢治も、田中智学も、そして石原莞爾でさえ一度肯定してみる必要があると思うんです。すると、今までふたをして隠してきたもの、見えなかったものが見えてくるんじゃないかと。

中沢 未熟であること、成形になってしまわないこと、生物学でいうネオテニー（幼形成熟）ということは、ものを考える人の根本条件なんじゃないですか。僕も、長いことお前はいつまでも未熟だといわれてきましたから、太田さんも安心していいと思います(笑)。矛盾を受け入れている思想は、どこか未熟に見えるんですよ。たとえば神話がそうでしょう。神話にはちゃんとした論理が働いている。しかしその論理は、矛盾を受け入れて、その矛盾によって動いています。すると未熟に見えてしまうんですね。
　自分の中に矛盾したものを、平気で受け入れていく。それに従って現実の世界でも生きていこうとすると、しばしば未熟だといわれます。ふつうの大人はそうは考えません、現実の中ではっきりと自分の価値付けを決めておかなければいけないという、立派な役目があるからです。効率性や社会の安定を考えれば、そういう大人はぜひとも必要です。僕も大人の端くれとして、それに従って生きようと思うんですが、自分の内面に、そうそう簡単に否定できないカオス（混沌）がありますから、そのカオスを否定しないで、生きていこうとしてきました。
　本当は早めに自分から遠ざけてしまったほうがいいものにまで、近づいてしまったりするしくじりを、よくしでかしてきました。すると、そういう相手は毒を放つようになる。太田さんも経験あるでしょう。愛はいつも危険をはらんでいますから。

太田　愛は、常に毒を放つ……。まさに諸刃ですね。

中沢　ギフトというドイツ語は、贈り物と同時に毒という意味も持っていて、贈り物を贈って愛を交流させることは、同時に毒を贈ることだとでもいう意味がこめられているんでしょう。昔の人たちは、この世界が矛盾でできていることを前提に生きていました。だから、矛盾を平気で自分の中に受け入れていた。絶対に正しいとか、純粋な愛情とか、そんなものは信じてなかったし、あり得ないと思っていたわけですね。

神話をつうじて理想的な状況を考えようとしていた人々は、いっぽうでとても現実的なものの考え方をしていた。

そういう思考法が、日本人にはいちばんぴったりくるんじゃないですか。マッカーサー元帥はよく言ったものです。日本人は精神年齢十二歳の子供だって。十二歳といえば、ハリー・ポッターの年ですね（笑）。その年頃の子供は、よく「世界を凍らせるような」真実を口にするでしょう。日本人はそういう存在として、人類に貢献すべきなんじゃないかな。

愛は矛盾の中でしかとらえられない

太田　愛は矛盾の中でしかとらえられない。賢治の童話の愛の深さは、そういうところにあるのかもしれないですね。ところで、宮沢賢治が戦後も生き残っていたらどうだったと思いますか。

中沢　戦争の進行につれて、ある時点で自分は失敗したと思うでしょうね。そのとき、自分の政治思想といっしょに自分の童話も失敗だったと考えたかどうかは、わかりません。ハイデッガーの場合には、自分の政治的行動は間違いだったと考えても、それで自分の哲学が全面的に否定されたなどとは考えませんでした。それはちがうと言う人もいるかもしれませんが、僕はハイデッガーは政治的行動にもかかわらず、その哲学は不滅であると思います。賢治の場合はどうだったろうか。

日本人を戦争に導いていったものに、ある種の宗教的情熱があって、その一部分を自分も共有していたという認識はあったでしょうね。正しい見通しを持てなかったことへの、絶望感もあったろうと思います。しかし、自分が理想と情熱をもって書いた童話までは、否定しなかったのではないかな。なぜならそれは、いままさに日本につくりだされようとしている新しい秩序と、共鳴するものがあるからです。

ほんとうにむずかしいことだけれど、このあたりのことをちゃんと考えていかないと、日本はまた間違った方向に踏み込んでいってしまうかもしれない。なんか、ちょっと見えてきたね。これから二人で話しあうべきことのテーマみたいなものが。

太田　この対談が終わった時に、賢治を今以上に好きになっていればいいなと思います。

第二章　奇蹟の日本国憲法

――日米合作の背景に息づく平和思想

平和憲法は「世界の珍品」

太田　「太田光の私が総理大臣になったら…秘書田中。」という番組が今年から始まったんです。僕がいろんなマニフェストを出して、それについて自民党・民主党の若手議員、政治評論家、タレントなどと討論するという番組です。そのマニフェストの一つに僕は「憲法九条を世界遺産にする」というテーマを出した。バラエティなので、「自衛隊の駐屯地を田んぼにする」というマニフェストに変わりましたが、この憲法を世界遺産にするということは、僕はけっこう本気で考えているんです。

中沢　「憲法九条を世界遺産にしよう」という太田君の表現を聞いたとき、これはさすがお笑い芸人だと思いましたね。この表現自体がもはや芸術でしょう。ピカソのゲルニカぐらい？　ちょっと褒めすぎか（笑）。とってもユニークな提案だし、僕も大賛成です。太田君が「憲法九条を世界遺産に」と言ったその感覚をもっと深めて話し合ってみると、相当すごいことがわかってくるんじゃないかという気がします。

世界遺産というと、イリオモテヤマネコみたいな感じがしますね。野生動物の最後の珍品として守っていかなければいけないという感じ。たしかに僕も、平和憲法は世界の憲法中の珍品だと思います。ところがいま、この世界の珍品を普通のものに変えようとして、改憲論が吹き荒れているわけです。

日本国憲法のこの珍品ぶりは、どこか宮沢賢治の思想の問題と深くつながっているように思えます。いままで、平和憲法に何の疑問もいだかなかった人たちも多いし、なんといってもそれはいいものだと思って守り続けようとした人たちもいっぱいいます。他の国から、お前たちの憲法は相当変だぞと言われても、いや、これはいいものなんだという態度を、多くの日本人がいままで堅持してきました。ところがこの平和憲法をいいものだという感覚は、宮沢賢治の作品をいいものだという感覚と、とてもよく似ています。憲法の問題を議論するとき、この珍品ぶりがどこからくるのかを探ることは、とても重要だと思います。そのうえでそんな珍品を、日本人は簡単に捨てていいのかという議論が可能になる。

太田さんはどんなシチュエーションで、「憲法九条を世界遺産に」というすばらしい発想を思いついたんですか。

太田　最初は、ジョン・ダワーの『敗北を抱きしめて』(岩波書店)を読んだときですね。

この本で、日本国憲法ができたときの詳しい状況を知って、ああ、この憲法はちょっとやそっとでは起こりえない偶然が重なって生まれたのだなと思ったんです。まさに突然変異だと。

医学の発展というのは、皿の上で勝手に細胞が腐って変化しちゃったりとか、科学者が予期しないところでの発見が鍵になりますよね。ペニシリンができたときだってそうだろうし、ちょっとした偶然や突然変異がヒントになって進歩していく。日本国憲法のでき方も、それとよく似ているなと思ったんです。予想外のところでできてしまった。

戦争していた日本とアメリカが、戦争が終わったとたん、日米合作であの無垢《むく》な理想憲法を作った。時代の流れからして、日本もアメリカもあの無垢な理想に向かい合えたのは、あの瞬間しかなかったんじゃないか。日本人の、十五年も続いた戦争に嫌気がさしているピークの感情と、この国を二度と戦争を起こさせない国にしようというアメリカの思惑が重なった瞬間に、ぽっとできた。これはもう誰が作ったとかという次元を超えたものだし、国の境すら超越した合作だし、奇蹟的な成立の仕方だなと感じたんです。アメリカは、五年後の朝鮮戦争でまた振り出しに戻っていきますしね。

僕は、日本国憲法の誕生というのは、あの血塗られた時代に人類が行った一つの奇蹟だと思っているんです。この憲法は、アメリカによって押しつけられたもので、日本人自身のものではないというけれど、僕はそう思わない。この憲法は、敗戦後の日本人が自ら選んだ思想であり、生き方なんだと思います。

突然変異で出現した日本国憲法

太田　中沢さんがおっしゃったように、戦後、この憲法については、変だぞ、普通じゃないぞと言われることが多い。でも、あの奇蹟的な瞬間を、僕ら人類の歴史が通りすぎてきたのだとすれば、大事にしなければいけないんじゃないかと思う。エジプトのピラミッドも、人類の英知を超えた建築物であるがゆえに、世界遺産に指定されているわけですね。日本国憲法、とくに九条は、まさにそういう存在だと思います。

中沢　まったく同感です。アインシュタインの相対性理論も、ほとんど奇蹟のように生まれています。他の人たちも似たようなことを考えてきたけれど、ほんのちょっとした思考のジャンプから生まれた。それを実現できたのは、あの時期のアインシュタインの頭の冴えだけなんで。それほど冴えていた時期は、さすがのアインシュタインにもそのあとそれほどやってこなかった。

まさにその瞬間の輝きとともに世界に出たもの、そういうものはもう二度と取り消しができません。世界中が寄ってたかって、そんなものが生まれてこないようにと全力で阻止し続けてたものが、何かの拍子に妨害が外れて、ふっと世界の表面に現れ出てくることがある。ところがいったん出てきてしまえば、もう二度と取り消しはきかないものになる。あのときのアインシュタインの頭の冴えを通してこの世に出現した相対性理論は、もう二度と取り消し不能のものになった。またたくまにそれは人類の共有財産になり、この理論をもとに科学の現代はつくられてきたわけでしょう。

グールドという生物学者が、生物進化は生物が競争して切磋琢磨《せっさたくま》している状態の中で行われてきたけれど、そういう競争に入らないでゆっくりと成長を続けた生物、いつまでも幼児型を保ち続けた生物が、哺乳類としてのちのち発展することになったと言っています。日本国憲法に関しても、それと同じことが起こり得ると考えるべきだと、僕は思っています。

太田　人類も、突然変異の奇蹟から生まれたわけですね。

中沢　太田さんの言うように、日本国憲法は、確かに奇蹟的な成り立ち方をしています。当時のアメリカ人の中にまだ生きていた、人間の思想のとてもよいところと、敗戦後の日本人の後悔や反省の中から生まれてきたよいところが、うまく合体しているんですね。そのことは、随所に認めることができる。ところが政治の世界でこんなことがおこるのはめったにないことなんですね。政治の世界ではいまも昔も、あらゆる場所で秘密の同盟が結ばれていて、こんな突然変異の珍品が世に出てこないように画策していますが、なにをまちがったのか、そういうものが出現してしまったんですね。

ホメロスの詩の中に、アキレウス出現を歌った詩があります。アキレウスはまさに闇の中に、漆黒の空に星が上るように出現したんだけれども、神々はそんなものは絶対にこの世に出現させないぞ、と誓いあっていた。ところがある日、ひょっとした拍子に女神の失策で、これが出現してしまうのです。そうなったらもう取り消しはできない。政治の世界の常識が、出現をずっと阻止し続けてきた子供がとうとうあらわれてしまい、それで世界は変わらざるをえなくなった。

日本国憲法も、そういうものだと思います。そういうものを葬り去りたいという勢力は、つねに存在してきましたが、かろうじていままで命脈を保ってきました。しかしもしこれを簡単に否定してしまうと、そのとき日本人は確実に、何か重大なものを失うことになるはずです。

合作から生まれた価値

太田　改憲すべきだと言う人が、自分の国の憲法は自分の国で作るべきだと、よく言います。でも僕は、日本人だけで作ったものではないからこそ価値があると思う。あのときやってきたアメリカのGHQと、あのときの日本の合作だから価値があると。

アメリカとしては、あの憲法を日本に与えて実験的な国をつくってみようという意図があったのかもしれない。だから、あそこまで無邪気な理想論が生まれたのでしょう。アメリカのああいう無邪気なセンス、僕は大好きなんです。僕はふだん反米的なことも言ってるけれど、日本国憲法を見ると、改めてアメリカっていいなって思うんですね。

といって、あの憲法をアメリカが持ち帰って、自国の憲法にしようとしても、アメリカ人が絶対守れるわけがない。価値があるのは、日本人が曲がりなりにも、いろんな拡大解釈をしながらも、この平和憲法を維持してきたことです。あの憲法を見ると、日本人もいいなと思えるし、アメリカ人もいいなと思える。すごくいいことじゃないですか。

その奇蹟の憲法を、自分の国の憲法は自分で作りましょうという程度の理由で、変えたくない。少なくとも僕は、この憲法を変えてしまう時代の一員でありたくない。

中沢　安易に変えてしまったら、後の時代の人間に対して、僕たちはとても恥ずかしい存在になりますね。しかしいいものというのは、たいがい合作でできたものだという事実を、忘れちゃいけない。たとえば日本人はよく仏教をいい思想だというけれど、あれは日本人がつくったものではなく、アジア人の合作した合同作品です。インドで生まれたけれども、もともとブッダ自身はヒマラヤの麓に住むモンゴロイドだったし、そのあともいろんな民族のもとに伝わって、チベットへ、中国へ、東南アジアへ、そして日本へと伝わって、多様な国々で合作されてきたんですね。その仏教が東の果てにたどり着いて日本仏教として展開していったのですが、それはもう珍品中の珍品で、合作の極限にあらわれた特異体みたいなものです。アジア人の合作としての仏教が、東の果ての岬のようなところで、突然変異をとげて、ほかの誰も言わなかったような珍しい仏教をつくりだした。合作がつくりだしたその珍品ぶりゆえに、日本仏教は価値があるといえる。その仏教を日本人は大事に守ってきた。今さら、あれはインドからきたものだからダメだとか、中国人が途中で漢文のお経を入れたからダメだなんて、誰も考えないでしょう。

伝来した地のいろいろな民族の純粋な精神が、つぎつぎに仏教に取り組んで、さまざまな価値が重層的に入り込み、しだいしだいに大きく深いものになっていったんですね。それを考えると、日本人だけでつくったものではないことが、逆にあの憲法の価値になっているんじゃないでしょうか。日本人だけでつくったのなら、あそこまでのものはできなかっただろうしね。

中学生が読んでもわかる表現力

太田　もう一つ素晴らしいのは、憲法九条って、読んでみると、本当にわかりやすいですよね。あの文言は、中学一年生が読んでもわかる。

中沢　誰が読んでも誤解しないように書かれている。

太田　誤解しようがないし、わかりにくかったり、難しいところがない。それに加えて、戦後六十年、ずっと維持してきた実績もあると思います。日本がこの憲法をずっと持ち続けてきたことが、歴史なんです。戦前世代の人間は、あの憲法はアメリカがつくったから違和感があると言う。でも僕は、生まれたときから四十一年間、あの憲法の中で生きてきたわけです。それを簡単に変えるな。俺の生きてきた歴史でもあるんだぞと。

憲法九条の議論に関していえば、矛盾だらけですよ。改正しようという側は、あれはアメリカに押しつけられたものだからと言う。憲法改正はアメリカも望んでいることです。だけど改正派がアメリカ側なのかというとそうではない。憲法問題に関しては、改憲派も護憲派も都合のいいように、アメリカを否定したり肯定したりしている。

中沢　お笑いの最高の素材ですね（笑）。

太田　アメリカを全否定したり、全肯定したりしているうちはだめだと思います。僕が原稿を書くと「反米」だといわれる。しまいには「反日」だといわれることもあるんです。でもそれは違うよと。さっきも言ったけれど、あの憲法をつくれちゃう無邪気なアメリカのセンスは好きなんですよ。あの時点で「自由」「平等」「平和」といった、夢のような言葉を声高に言えちゃうのは、すごい。

中沢　かつて、そういうアメリカがあったんですよね。僕はよく「反米でしょう」といわれることがあるんですが、知らず知らずのうちに「ミッキーマウス・クラブ」の歌を口ずさんでいたりして（笑）。

太田　どっちかじゃないとわかりにくいというのがあるじゃないですか。だからこそ、僕は自分が好きなものを疑うべきなんだと思うんです。自分が信じていた思想が人を殺すこともあるんだということを、あの時点で宮沢賢治も田中智学も思わなきゃいけなかっただろうし、その危険性を感じながらやっていかないと難しいと思います。

僕は何年か前に、オウムに与えた影響について、中沢さんに聞いたことがあります。そうしたら、自分のつくり出した思想や書物が、その先影響を与えたことに関しては気にしないとおっしゃった。だけど本当はそのとき、中沢さんは傷だらけだったと思うんです。

中沢　そのとおりです。

太田　だけど、そう言わざるを得ない。言わないと先へ進めないみたいなところがあって、あえてそう言ったんじゃないかと思いました。何が正解かはわかりませんが、あのとき中沢さんが自殺したということになったら、また別の展開になったと思う。中沢さん自身が、自分は傷ついたということを表現するのも一つの方法だったんじゃないか、という気がしているんです。

それを突き詰めていくと、日本がアメリカとどう関わっていくかということになると思う。テロの話でいえば、日本は原爆を落とされて戦争をやめました。あれこそテロだと思うんですよ。日本は一回テロに屈したからこそ平和になったのだろうと。

中沢 たしかに深く傷つきましたが、傷ついたということを表現することは、したくなかったですねえ。言い訳をするのもよくない。それよりも一貫性をもって生きていくにはどうしたらいいか、ということを考え詰めました。自分の思想の中の生き残れる部分は何か、それを探し出して細い糸にすがるみたいにして未来につなげていくしかない、というところまで、自分を追いつめようとしたからね。その頃は、一度政治的に失敗した人たちが、その後どういう生きざまをしたかが知りたくて、ハイデッガーやショスタコヴィッチなんかの伝記をよく調べました。彼らが偉いなあと思ったのは、すくなくとも作品の中には、傷ついたことの痕跡すら残していないように見えることでした。一時期、ほんとうに生命力が弱まってしまったときなどには、彼らのことを思い出すようにしていました。
その頃太田さんに会って話をしたとき、もっと闘う姿勢を見せてほしいみたいなことが、顔に書いてあったねえ（笑）。

太田　そこまでは思ってないですよ。

中沢　物事の浮かぶ海の上で、波が立っていることばかりに気を取られていると、その底流で動いているものが見えなくなってしまう、ということを、そのときは痛感していたんですよ。その体験をとおして、ものを見る尺度が何万年単位にも伸びたのかもしれません。アメリカについてもそうなんで、長い尺度でその国のことを考えてみる必要がある。いまのアメリカからは想像もできないけれど、日本国憲法のような奇蹟的な作品を作り出せたアメリカというのが、たしかにあったことはまちがいないことなんで。それはたぶん建国の精神に直結している、理想主義的な何かでしょう。

太田　僕は誰がつくってもいいじゃないかと思う。それがもしかしたら突然変異のようにできたものでも、突然変異が進化する手がかりになることはあるわけですから。それをなかったことにして、もう一度日本人だけで純粋に憲法を作りましょうというのは、ちょっと逆行している感じがします。

平和憲法に息づくアメリカの建国精神

中沢　それどころか日本国憲法は、アメリカと日本とでつくっただけのものでもないらしい。国家がつくったものではないんじゃないか。日本国憲法は一種のイデオロギーにすぎないとか、神話や宗教のようなもので、日本人はそれを信仰してきたにすぎないと言う人がいますが、その底流に流れているアメリカ思想というのをよく注意して見ると、それがたんなるイデオロギーや宗教ではないということが見えてきます。

平和憲法をつくりだしたアメリカ人の発想の中には、アメリカ先住民の考え方が色濃く影を落としているようなのです。このことは、最近は日本でも気づかれだしていて、先住民文化を研究している星川淳さんも、『魂の民主主義』（築地書館）という本の中で、そのことに言及しています。

アメリカの建国精神は、ヨーロッパ生まれの人権思想や立憲思想とは違うタイプのものです。その違いがどこから発生したかというと、それはアメリカというトポス（場所）だと思うんです。北アメリカの五大湖からニューヨーク州のあたりにかけて、かつてイロコイ族という巨大部族が住んでいました。イロコイ族はいろいろな小さい部族で成り立っていて、十一世紀頃は、部族同士血で血を洗うような戦いが続いていた。その乱世に平和の道を説く人々が現れて、長いときを経て部族を統合するイロコイ連邦をつくります。いわゆる平和同盟です。そして、部族のリーダーたちが集まるイロコイ長老会議で、永久に平和を維持していこうという「イロコイ連邦憲章」が生まれる。このアメリカ先住民たちがつくった「イロコイ連邦憲章」の精神の中には、日本国憲法にそっくりなところがいくつもあります。

ジェファーソンやワシントンのような、アメリカの建国を担った人々は、ヨーロッパの自由思想であるフリーメーソンの影響を受けていますが、これと、アメリカ先住民のイロコイ同盟の考え方が結びついたところにアメリカの建国精神が形成されてきた。つまりアメリカ建国の精神じたいが、そもそもアジア系の先住民の思想との合作であったわけです。ところがアメリカの長い歴史の中で、その精神はなかなか実現されなかった。とくに第二次世界大戦以降はアメリカは超大国になってしまい、みずからの建国精神を踏みにじらなければ進んでいけない国になってしまった。

アメリカ人の中には、それでも何かが残っていたのでしょうね。ですから日本国憲法をアメリカ人がつくったという言い方は、すこし物足りないと思うのです。

太田　それは面白い見方ですね。

中沢　アメリカ建国精神も先住民の平和思想との合作であったとすると、いろいろと面白いことが見えてきます。アメリカ先住民の戦争と平和にかんする思想というのは、環太平洋のいろんな民族が共通に持っていた考え方のなかから、ひとつの理念を抽出したものになっています。人間の世界には、憎しみもあれば不正もあり、戦争はいつでも起こる可能性がある。アメリカ先住民は戦争は無条件に悪だなどとは考えてはいないんです。だからそこには立派な戦士たちがいる。気高い戦士の精神をもった人たちがいて、その上に立って、平和な世界をつくりだそうとしていました。こういう考えは、環太平洋の諸民族に共通の考えでした。戦争と平和についての古い考えを探っていくと、意外なところで、日本国憲法に通じている考えを見いだすことになります。

近代にできた国家のことばかりに気をとられていると、こういうことが見えなくなって、やれ日本人がつくった純正品じゃなきゃだめだとか、アメリカ人のつくったものにろくなものがあろうはずがない、とか言う人たちが出てくるけど、日本国憲法の精神の底流を流れているものは、そんな表面的なものではない、もっと大きな人類的な思想の流れなんだと思いますよ。そういうものが、現代国家である日本の基礎にすえられてきたわけですから、やっぱり太田君が言うみたいに、この現象は世界遺産というか保存すべき貴重種というか、とっても珍しいしろものなんじゃないでしょうか。

貨幣の裏と表の顔を持つアメリカ

太田　さきほどお話しした「太田光の私が総理大臣になったら…秘書田中。」の番組の中でも、イラク戦争のことに対して僕が文句を言って、アメリカ人と討論になったんです。アメリカ型の自由を、無理やりイスラムの人々に押しつけるのはやめろと。今のアメリカのやり方に関して、言いたいことはたくさんある。でも、本音としては、アメリカ人も捨てたものじゃないと思っているんです。

シオドーラ・クローバーの『イシ　北米最後の野生インディアン』（行方昭夫訳・岩波

現代文庫）という本を読んだとき、アメリカ人の良心を感じました。著者は、文化人類学者のアルフレッド・クローバー博士の妻です。一九一一年、アメリカのサンフランシスコに一人の野生インディアンが現れる。彼は最後に生き残った野生のヤヒ族のインディアンで、他のインディアンはアメリカ人によってほとんど虐殺されるか、保留地に入れられていた。彼は名前を聞かれると、「私はイシである」と答えます。「イシ」とは、ヤヒ語で〝人〟という意味です。

彼を保護したカリフォルニア大学博物館の館長がクローバー博士で、イシと博士との人間的な交流が始まるんです。イシと交流を深めていく中で、博士は自然と共生して生きてきた北米先住民の考え方を尊敬し、自分たちが彼らを全滅させてしまったことを、深く恥じます。イシの死後、博士は死ぬまで彼のことを口にしなかったといいます。クローバー夫妻の娘アーシュラ・K・ル＝グウィンは、その最大の理由を、心の痛みだったろうと言っています。クローバー博士は、一生を通じて重い十字架を背負って生きたということです。

そんな博士の心を考えると、自由の拡大を謳《うた》い、単独主義で暴走していくアメリカもまた傷ついているんだなと思う。いまやアメリカは超大国となったけれど、その成り立ちのいろんなところに、後悔がしみわたっているんじゃないか。虐殺した側も、された側も、重い問題がずっと残っていくんですね。

韓国・朝鮮や中国に対する日本の態度にも同じことがいえます。日本は、あの問題は何らかの形式や金銭でもう片づいたことにした、と言うけれど、それは思い上がりです。政治で解決なんかできるわけがない。アメリカもドイツも日本も、国が存続するかぎり、抱えていかなければならない問題だと思っているんです。

先住民を虐殺してしまったことを、後悔し、傷ついたアメリカ人。日本国憲法をつくったときに、そのアメリカの心が反映されたんじゃないか。そんな思いもあって、僕は口で言うほどアメリカ人が嫌いになれないんです。

中沢　アメリカ人のいいところは、そういうところに出てきますね。しかし一面では、アメリカの大衆は、非常に単純化された二元論的な神話思考を好むところがあって、それがいいところをだいなしにしてしまいます。最近の一連の中東に対するアメリカの思考や行動を見ると、それを強く感じます。しかも、ああいう思考を推し進めているのは、アメリカの中のなかなかコアな人たちです。それを見ると、アメリカの先住民たちを虐殺した思考方法と、同じ方向に向かっているなと思ってしまいます。

僕はいまでは人類学者ですが、子供の頃は西部劇が好きでよく見ていました。学生時代はそういう自分を自己批判して見ないようにしていたんですが（笑）、最近になってまた見直しているんです。すると、子供のときにはわからなかった新しい意味が浮かび上がってくる。アメリカ人の精神のかかえるトラウマが、はっきり見えてくるんですね。インディアンを虐殺するその一方で、ものすごく傷ついているアメリカも見えてくる。『ラスト・サムライ』もそうでした。トム・クルーズが、なぜあれほどに傷ついて日本に来たのかといえば、第七騎兵隊に所属して、インディアンを殺してしまったからなんですね。あの映画では、そこに大きな意味を持たせている。

自分たちのための新天地をつくるために先住民を駆逐しなければならないという思考と、そのことに傷ついてもいる良心とが同居している。そこから変な理想主義も生まれる。アメリカでは、いつもそういう矛盾したものが同時発生してきたんでしょうね。太平洋戦争はその意味では、多くのアメリカ人には善悪の構図がはっきりつかめると思えた希有《けう》のケースで、だからこそ彼らは内面に傷を負うことなく、原爆を日本人の上に投下できると考えたし、いまでもそれを内面の傷として、受け入れようとはしない人が多い。そういう矛盾した心理の中から、あの憲法がころがりでたわけですね。

憲法九条は掛け値なく「面白い」

太田　僕らお笑いの人間は、面白いか、つまらないかを一つの判断基準にしています。漫才で、芸人がどれだけ頑張ってみせても、人が笑わなければ何の価値もない。面白いのか、つまらないのか、そのお笑いの判断基準でいえば、憲法九条を持っている日本のほうが絶対面白いと思うんです。これは確信できます。

無茶な憲法だといわれるけれど、無茶なところへ進んでいくほうが、面白いんです。そんな世界は成立しない、現実的じゃないといわれようと、あきらめずに無茶に挑戦していくほうが、生きてて面白いじゃんって思う。

憲法九条というのは、ある意味、人間の限界を超える挑戦でしょう。たぶん、人間の限界は、九条の下にあるのかもしれない。それでも挑戦していく意味はあるんじゃないか。

いまこの時点では絵空ごとかもしれないけれど、世界中が、この平和憲法を持てば、一歩進んだ人間になる可能性もある。それなら、この憲法を持って生きていくのは、なかなかいいもんだと思うんです。

僕らが戦うべき相手が何なのかはわからない。人間のつくり出した神という存在なのかもしれないし、人の心に棲《す》む何かなのかもしれない。その何かが、いつも人間に突きつけてくるわけです。人間は、しょせん死んでいくものだ。文明は崩壊していくものだと。たとえそうであっても、自分が生まれて、死ぬまでは、挑戦していくほうにベクトルが向いていないと、面白くないと思うんですよ。

中沢　僕と太田さんが通じているところは、そのあたりなんでしょう。でも、面白いか、面白くないかって、僕が言ってはまずいから、言わないようにはしているんですが（笑）。

太田　この世に神様がいて、未熟な人間は俺のところまで来れないだろうと言うなら、いや、俺たちはそっちまで行って、超えてやるぞというくらいの人生じゃないと、つまらない。秩序と無秩序、最近はエントロピーといいますが、この社会はエントロピーが増大していくものだという。でも、僕としては、そうは思いたくない。人間は、秩序を構築できる生き物であると、少なくとも生きる態度として示したいと思う。その証《あかし》が憲法九条だと僕は思っているんです。

中沢 その意味でいうと、憲法九条は修道院みたいなものなんですね。修道院というのは、けっこう無茶なことをしているでしょう。普通の人間が暮らせない厳しい条件の中で、人間の理想を考えている。修道僧は労働もしないし、そんなもの無駄なような気もしますけれども、人間にとって重要なのは、たとえ無茶な場所であっても、地上にそういう場所がある、ということを、いつも人々に知らせているというところにあるでしょう。普通に考えたらありえないものが、村はずれの丘の上に建ってるというだけで、人の心は堕落しないでいられる。そういうものがあったほうが、人間の世界は間違いに陥らないでいられるんでしょう。

チベットの僧院も、そういう場所でした。僧侶は労働をしないで、あらゆる生き物に慈悲深い生き方をするにはどうしたらよいか、なんてことを毎日考え抜いている。そういう人たちが集まってする会話って、すごく面白いんですよ。現実には考えられないような、理想的なことを話し合っている。そこで考えたことを誰かがやろうとすると必ずこけるんだけれど、みんなで温かく愛で包んで、彼の努力を褒めたたえてあげる。そしてまた、先へ進んでいこうとするんですね。

ちょっとロッセリーニの『神の道化師、フランチェスコ』という映画みたいな世界で、常識から見たらほとんど滑稽に見える世界なんだけれど、だんだんものが見えてくるにつれて、そういう人たちの努力を笑っていた自分が恥ずかしくなってくる、という不思議な効果を発揮する場所なんです。

そういう場所がある世界とない世界では、人のものの考え方が大違いです。修道院みたいな狭く限られた場所であっても、人間の現実ということを考えればとても無理じゃないかと思えるような理想や夢を、まがりなりにも実現させてみせましょう、という人たちがいると、その周りの社会まで変わってきます。

お寺や修道院から遠からぬところには、普通の人たちの住む村があるでしょう。村の中では、普通の人たちがけんかしたり、嫉妬したり、誰が損をしたとか得をしたとか、そんなことばかりやってます。けれども、ふっと丘の上を見上げると、そこにお寺や修道院が見えるわけです。そこには普通の人たちにはできない、血の滲むような努力をしている人たちがいる。断食したり、エゴを乗り越えて、利他心に生きようとしてがんばっている人たちがいる。現実はともあれ、とにかく立派な生き方をしようとしている人たちがいて、理想や夢が地上に自分の居場所を見いだしている場所がある。ふと見上げた丘に、そういうことをしている人たちがいるというだけで、世界の姿は変わるんですよ。

そんな空間を我々の世界はもう失ってしまった。日本のお寺も、昔は確かにそういう場所だったわけですけど。お寺の和尚さんは、普通の人がたどりつけないような高い理想を生きている人だと思って、人々はお説教を聞いていた。けれども近代社会は、世俗化でどんどんそういう場所をつぶしてしまったんですね。今はといえば、お寺のお坊さんと話していても、理想というようなことが話題になることはほとんどなくて、息子がどこの大学に入ったとか、入学金がいくらだとか、そんなことばっかりが話題になります。知り合いのお坊さんが会いたいというから出かけてみると、議員に立候補するからよろしくとかで、本当にがっかりしちゃう。昔はそうじゃなかった。社会の中に、夢のある場所があるということは、すごく重要なんだと思う。

日本にたった一つ残された拠り所

太田　憲法九条は、たった一つ日本に残された夢であり理想であり、拠《よ》り所なんですよね。どんなに非難されようと、一貫して他国と戦わない。二度と戦争を起こさないという姿勢を貫き通してきたことに、日本人の誇りはあると思うんです。他国からは、弱気、弱腰とか批判されるけれど、その嘲笑される部分にこそ、誇りを感じていいと思います。

中沢　僕もそう思います。日本国憲法というのは、日本人のドリームタイムなんです。ドリームタイムというのは、オーストラリアのアボリジニが、自分たちの根源の場所として確保している場所のことです。そこへはめったなことではたどり着けないし、現実には踏み込めないことだってある。その場所には、恐ろしい虹の蛇が棲んでいるともいわれてるんですが、そういう場所があることを知って、そこに心を向けることで、世界は正しい方向に向かっていける。

現実には、そんなものは存在しない。かつても存在しなかったろうし、これから先も存在しない。しかし、そういうものについて考えたり、それをことばにしたり、地上にそういうものが宿ることのできる場所をつくっておくことは、人間という生き物の生き方にとっては、とても重大なことです。それを人類は捨ててきました。ところが、日本国憲法は、ことばでできた日本人のドリームタイムなんですね。このことばでできたドリームタイムによって、日本人は今まで精神の方向づけを行ってこられたんです。

日本国憲法の文言をそのまま守っていると、現実の国際政治はとてもやっていけないよ、ということはほんとうです。北朝鮮が日本人を拉致した。こんな国家的暴力にどう対処するんだと憲法に問いかけても、憲法は沈黙するばかりです。いつだって神々は沈黙するんですよ。イエス・キリストだって十字架の上で、このまま私を見殺しにするんですか、と神に向かって訴えたけれど、神は沈黙したままでした。

おそらく日本国憲法も、そういうものだろうと思うんですね。それはことばにされた理想なのですから、現実に対していつも有効に働けるとはかぎらない。働けないケースのほうがずっと多いでしょう。でも、たとえそれでも、そういうものを捨ててはいけないんです。そういうものを簡単に捨ててしまったりしたら、日本人は、大きな精神の拠り所を失うと思います。この憲法に代わるものを僕たちが新たに構築するのは、不可能です。

ドン・キホーテとサンチョ・パンサ

太田　今の中沢さんの話を聞いていて、ふと思ったんです。神々が沈黙したときに、それでもしゃべり続けるのが、コメディアンではないかと。

中沢　面白いことを思いつく人だなあ（笑）。

太田　神が沈黙していようと、ぎゃあぎゃあと言い続けている。その姿は、滑稽だし、ずっこけたギャグにしかならない。何だかドン・キホーテのようですよね。

『ドン・キホーテ』を読んで、僕は感動したんです。ワーッと風車に向かって突撃して行ったり、おまえ、それ現実的じゃないぞというところに向かって、「ワァー、行け、行けーッ！」と、突進していく。その姿は、非常にくだらなくて、滑稽なんだけれど、なんかすごく面白くて、魅力的なんですね。

中沢　面白いし、感動的だ。

太田　でも、最後に、ドン・キホーテが正気に返るところで、ええっと思ったんです。サンチョ・パンサが「ご主人様」と言うと、ドン・キホーテがポカンとした顔で「え、何のこと?」と答える。その最後の場面で、僕はすごくがっかりしたんです。この小説、ひどいなと。正気に返って終わりなんて、ものすごくつまんなくなっちゃうじゃないですか。

中沢　夢落ちじゃあねえ。

二人三脚で持ち続けた日本国憲法

太田　俺たち読者が今まで長い間楽しんできた物語を、そんな終わらせ方するなんて、ひどいじゃないかと、突き放されたような感じがしたんです。憲法九条の改正問題にも、これと似たような感覚があるんです。九条を改正したら、日本は正気に返ったドン・キホーテになっちゃうんじゃないか。最後の場面で落胆したように、この世界がいきなりつまらないものになってしまう気がするんですね。

憲法九条を持ち続けている日本というのは、ドン・キホーテのように滑稽で、しっちゃかめっちゃかに見えるかもしれないけれど、やっぱり面白い。正気を失っているときのほうが元気だし、エネルギーがあるし、絶対面白い世界だと思います。

中沢　そのドン・キホーテのそばに、「旦那、旦那が言ってることは常軌を逸してますよ」

と言い続けるサンチョ・パンサがいることが、また大事なことなんですね。だから、二人組になってるわけでしょう。

たぶん日本もこれまでそうやってきたんだと思います。自衛隊の問題でも、「旦那は、ああ言っているけど、とにかく武力を全部捨てるというのは危険だから、ちょっとこういうものをつくっておきましょうぜ」と、サンチョ・パンサ的な存在が入れ知恵して、国家の安全を保ってきた。しかし、これがサンチョ・パンサだけになってしまうと困るわけで、サンチョの人生に意味をあたえるのは、常軌を逸したドン・キホーテなんですね。

太田さんがうまく言ってくれたけど、日本が世界の中でも珍品国家であるのは、ドン・キホーテのような憲法を持ってきたからです。サンチョ・パンサだけではできていなかった。僕は現実家としてサンチョ・パンサが大好きです。「旦那はそう言うけど、あれは風車ですぜ」と言って、現実的な判断をしてくれる人がいることは大事なことです。戦争はこれを永久に放棄するといっても、「ミサイル撃ち込まれたら、どうするんですか、旦那」と、言い続ける人たちがいることは必要なことだと思います。

ただただ平和憲法を守れと言っている人たちは、日本がなかなか賢いサンチョ・パンサと一緒に歩んできたのだという事実を忘れてはいけないと思います。そのことを忘れて現実政治をないがしろにしていると、「旦那を殺して、俺の天下に」と、サンチョ・パンサだけが一人歩きし始める危険性がある。日本国憲法というドン・キホーテは、戦前の国家主義的ドン・キホーテよりも、ずっといい考えをしています。ドン・キホーテ憲法とサンチョ・パンサ現実政治の二人が二人三脚をしてきたゆえに、日本は近代国家の珍品として、生き抜いてこられた。だからこの憲法は、まさに世界遺産なのだと思うのです。

幕間　桜の冒険

…………………………………………………………………………太田　光

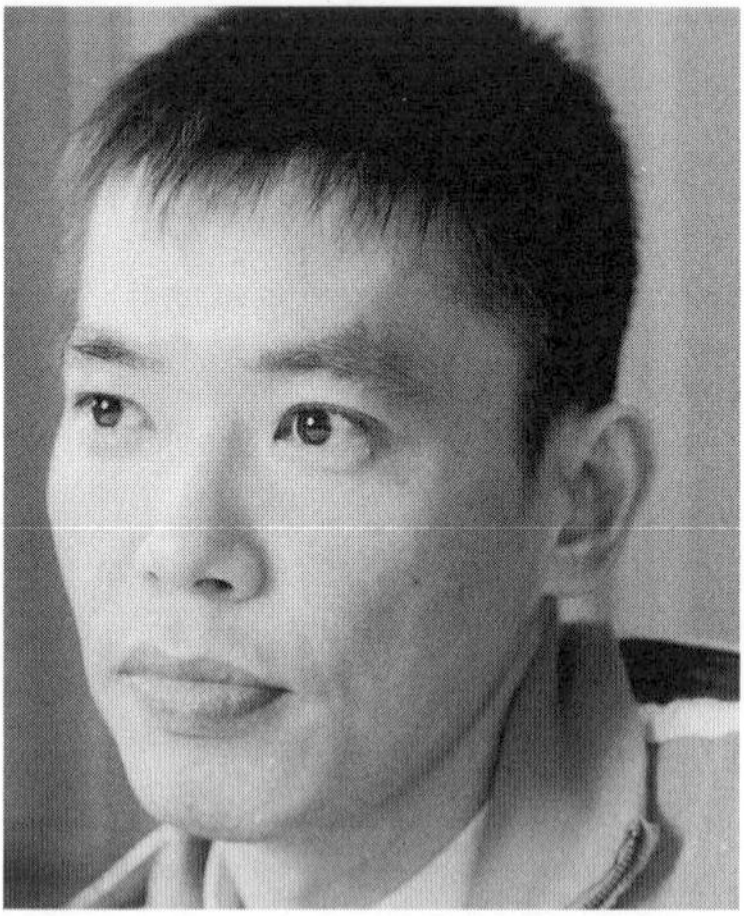

賢治から遠く離れて

中沢さんと私は、都内のホテルで三度会い、話し合った。私のやったことは、話し合うというよりも、吐き出すといった感じのほうが強かったかもしれない。本当はもっと統一したテーマを持って計画的に話していくつもりだったのだが、対談が始まると、私は思いつくままに考えが転々と飛び移っていくような感覚で、唐突に浮かんで消えていくイメージをとり逃さないように捕まえ、言葉にして表現するということに必死になった。そんなことをしているうちに、憲法九条からも宮沢賢治からも遠く離れた話し合いになっている時間も多かった。それは意識していたが、無理に元の位置に戻ろうとはしなかった。敢えて自分がいるのが心地良い場所へと進んでいこうとしていたような感覚がある。計画的ではなく、偶然その場で起きる思考が重要であるという気分だった。その為に体中の感覚を研ぎ澄まして話したいと思っていた。だから私は三度の対談とも、無計画なまま中沢さんの前に座った。

この対談を行ったのは、四月だった。私にとってそれが春であったことが、実は今から考えると、とても重要だった。この時期私にはいくつもの偶然が重なって不思議な体験をしているような気分だった。

シンクロニシティ、と言うのだろうか。

中沢さんと三度目にして、最後の対談を行ったのが、四月十五日の午後だった。三時間ぐらい話した。この日も私は話の途中から、夢と現実の境を彷徨《さまよ》っているような感覚で話していた。眠っていたという意味ではない。話の奥深くに潜り込んでいくと、言葉が意味を失い、言葉を知らなかった頃の胎児の感覚が蘇るような気分になる。それは夢心地だったりするのだ。

死の表現をめぐって

その日、話は、死をタブーとすること、死に蓋をしてしまうことが危険なのではないかという所に及んでいた。中沢さんは、かつて日本人は死者との窓口を開いていた。死に決して蓋をしなかった。きちんと死というものを表現していたはずだと言った。今のように死と生がかけ離れたものではなくて、きちんと繋がっていたという話だった。死と生の間にそれらを仲介する表現というものがあったのではないかと。その表現を今は禁じているのが問題ではないかと、また、表現者が誰もそれを表現しようとしないことも問題であると。さらに、話は子供達の殺人の話になり、実は、殺すことによって得られる恍惚感、エクスタシーというものが実在するということ。つまり、殺人、あるいは自殺は気持ち良いということ。〝死の魅力〟を現在は、決して表現してはいけないことになっていること。表現するどころか、そういった恍惚感が存在することも決して認めてはいけないことになっているということ。殺人によって得られる快感などは、無いものとしておかなければならないということ、そこに嘘があり、それが問題なのではないかという話をした。

私はかつて日本人が表現していた死の表現とは何だろうと頭の片隅で引っかかりながら対談を終え家に帰った。

家でパソコンを開くと、妻からメールが届いていた。その時期妻は体調を崩して病院にいたのだが、その日の昼間、花見で桜を見て更に体調を崩し精神的にも不安定になったと書かれていた。桜にあてられたという感じだろうか。それで、近所の花屋で元々自分が好きな花である薔薇を買って病室に飾ったらようやく気持ちが落ち着いた、というものだった。

妻からのメールを読んで、私もその日の昼間の花見の場面を思い出した。

満開の桜の下で

その日、中沢さんとの対談の前、私は〝小泉首相と桜を見る会〟というのに出席した。新宿御苑に一万人以上の小泉首相支持者が集まっていた。

私は普段テレビなどで、小泉首相批判を繰り返しているという立場上、何故招待されたのか不思議だったが、本人と直接会い、一言二言話してみたいという好奇心もあり、参加した。

首相が到着し、その姿を現すと、一万人の観客から一斉に拍手と喝采の声が上がった。地響きのような歓声と、舞い散る桜吹雪の中を小泉首相は右手を高く挙げて、高揚した面持ちで歩いていく。そして壇上に立つと、演説を始めた。それは自分が九月に退陣するということ、今日のこの桜の花のように散り際を綺麗にしたいという内容だった。

その後写真撮影の為に我々芸能人の待機する場所にやってきた小泉首相はかなりテンシ

ョンが高かった。それぞれに声を掛けて握手をした。「いや〜、よくテレビに出てるねえ」と言って私を見たので、「総理、いつも総理の悪口を……」と言いかけると、「いや〜！どうも、どうも！」と私の後ろの人に声を掛けた。

私の声が聞こえなかったのか、避けられたのかは、よく解らないが、小泉首相との接触はそれだけだった。

その後、集合写真を撮った。その頃、東京の桜は既に殆どが散っていたのだが、写真撮影用に用意されたその場所、首相の立っている後ろの桜だけは見事に満開の状態であった。一万人の熱狂、恍惚とした首相、そこだけ満開に咲いた桜。それはある種、異常な光景に見え、確かにバランスを失いそうな感覚を持った。

妻のそのメールを読んでいて、唐突に中沢さんとの対談の言葉に思い当たった。

「かつて日本人が表現していた死」

それこそがあの満開の桜なのではないだろうか。

「満開の桜の下」。坂口安吾のその小説『桜の森の満開の下』は満開の桜が人間を狂気に導き、殺人へいたるという物語だった。そこにはたしかに殺人による恍惚が描かれていた。

桜の下で、大衆に向かい、散る美学を語った首相。日本人が愛する桜という花は戦《いく》さの象徴でもあった。美しい桜の散り際。そこに重なるのは武士道という言葉。「武士道といふは、死ぬ事と見付けたり」（『葉隠』山本常朝）。その後ろには桜が咲いている。桜は死の花ではないか。春、四月。今の日本はまさにそのイメージに包まれているのではないか。

桜は狂気も、毒も、その美しさの中に含んでいて、その表現は隠している。しかし我々の潜在意識はその狂気と毒を感じ取ってしまうのではないか。だからこそ妻は桜を見てバランスを失ったのではないか。

それでは何故、妻は薔薇を部屋に飾って落ち着いたのだろう。それを考えて私は再びハッとした。薔薇がその棘によって、自分の中の毒をきちんと表現しているということに思い当たったからだ。薔薇は正直に自分の毒を提示している。美しいだけではなく、人を傷つける危険性があることを示している。だからこそ妻は薔薇を信頼し、桜によって失ったバランスを取り戻すことが出来たのではないだろうか。

再び、中沢さんとの会話がフラッシュバックする。

「死を表現しないことの危険性」

そこにもう一つのイメージが重なった。私が好きなチャップリンの映画『ライムライト』の中のワンシーンだ。

生きることに意味はあるか

チャップリン演じる落ちぶれたコメディアンが、足を怪我してもう踊れなくなり、生きる希望を失ったバレリーナの少女を説得する場面。「私の生きる意味はもう何もない」と嘆く少女にチャップリンは説く。人生に意味など始めから無いと。薔薇はなぜ美しいか。薔薇は決して美しく咲こうなどと思っていない。ただ生きようとして生きているだけである。だからこそ美しいのだと言う。そこに意味など存在しないと。そして更に「日本の松だってそうだ」と言う。ただ生きようとしている結果があの形になっている。だからこそ美しいのだと。

私がこの映画を観たのが中学生の時、その時からずっと引っかかっていたことがある。それは、なぜチャップリンはあの場面で日本の松を選んだのかということ。美しいものの象徴として薔薇を例にあげるのは解る。しかしもう一つはなぜ松なんだろうと不思議だった。他にあげやすい美しいものはたくさんあったのではないかと。

この時、その謎が解けたような気がした。

松のあの棘、攻撃性が必要だったのではないだろうか。チャップリンがそこまで理屈で考えていたというのは、私の深読みのし過ぎかもしれないが、チャップリンは天才の勘で、自分の毒をきちんと表現している二つを選んだのではないだろうか。〝生きる〟という行為を何かで象徴しようとする時、それは自分の毒、危険性を表現して、人目に晒して生きているものである必要があったのではないだろうか。チャップリンにとって〝生きる〟ということは、美しいだけではなく、自分の愚かさ、不完全さを表現しながら生きている必要があったのではないか。私は長年の謎が解けたような思いで、その日はなかなか眠れなかった。

二日後。私の好きなテリー・ギリアム監督が新作映画のプロモーションで来日していて、対談した。

『ローズ・イン・タイドランド』というその新作は、偶然にも主人公の少女が自分の父親の死体を剥製にして、父の死体と過ごし続けるという内容だった。父親の剥製。

「死と生の間の表現」

私のフラッシュバックは続いていた。対談が始まると、ギリアムは昨日まで京都にいたという。京都で桜を見ていたと。この時期の京都の桜は素晴らしいと。これは日本独特の文化である、他の国にはないものであると、興奮して話し出した。

私はここ数日、私の周りに起きている桜と死にまつわる偶然を全て説明する気にもなれず、ただ興奮するギリアムに「桜は確かに美しいが、狂気を含んでいる。とても危険な花でもあるのだ」ということを何度も繰り返して言った。ギリアムが私が何を言わんとしているのか、理解できなかったのも無理もない。私自身、自分の中でそれが何なのか整理できてなかったし、むしろ混乱は増していた。「桜の下には死体が埋まっているんだ」と、私が言うと、ギリアムは一瞬ギョッとして、すぐにおどけ、たまたまテーブルの上にあった花瓶から、一輪だけ挿してあった薔薇を抜いて叫んだ。

「おお、ローズ、助けて！」

私は思う。やはり桜は日本人の特別な花であると。この、桜に象徴される恍惚は、おそらく他の国の人々には理解出来ないのではないだろうかと。それは不安感であり、胸騒ぎであり、混乱であり、幸福感である。

私の中の恍惚

憲法九条改正の理由として言われることは、「普通の国」になろうということ。私にはどうしてもそう思えないのだが、それは国として安定しようということなのかもしれない。軍隊を持つということ。毒をきちんと表現するということ。つまり桜ではなく、薔薇の国になるということ。そう考えれば危険なのは、桜であり続けようという自分の方かもしれない。むきになって、護憲を訴える自分の危うさを確かに感じる。

妻はズバリ言う。「あなたは、何になるつもりなの。青臭いあなたの言葉こそが一番危険なのよ！」と。公に向かって言う私の言葉には、当然それに対する反応、反発がある。中には過激なものもある。

「外では格好つけて世界平和を訴えて、その結果が、自分の家族や周りの人達が身の危険を感じることになる矛盾をどう考えているの」と。「家族や周りの人間を守れない人が、世界の平和など口にする資格はない」と。あなたの無邪気な〝正義〟こそが一番危険なのだと。妻の言い分は正しい。

にもかかわらず、なぜ私の体はこちらに進むのか。それは何の引力か。

九条を守る。特別な国であり続ける。という思考をする時に、私の中に確かに〝恍惚〟がある。この恍惚は、『日本国憲法』という理想論を、焼け野原で日米が合作するという特別な時に、その制作に携わった人々の感じた恍惚ではないだろうか。また、九条という無邪気で完全な平和に、飛びついていった時の日本人の恍惚ではないだろうか。同時にこの恍惚は、世界を一つの家族にするというアイデアを着想した時の田中智学の恍惚であり、智学の思想に触れた時の宮沢賢治の恍惚であり、また、戦争突入を決断した時の日本の恍惚であり、故に戦いの恍惚であり、桜を見つめる時の恍惚ではないか。それは直感であり、恐怖感であり、そして突き詰めれば〝冒険心〟である。

この冒険を続けたいと思う。それは、桜の国であり続けるということだ。しかしその道は、戦前の日本が歩んだ道と同じかもしれない。そのことを宮沢賢治からしっかりと学んでおきたいと思う。

そして最後に必要なのは、恍惚の中で、賢治も智学も持てなかったもの、自分を否定する勇気だ。

爆笑問題・太田　光

第三章　戦争を発動させないための文化

——お笑いは世界を救えるか

Stormyblue

思想表現としての芸

中沢　日本国憲法、九条は世界遺産となりうるという思いつきが、そんなに突飛な考えじゃないことが、だんだんわかってきました。そこでつぎの問題はこの珍品をどう守って広めていくかにかかわってきます。

貴重なめずらしいものを守っていくためには、いろんな組織も必要ですが、僕や太田さんの場合には、それを実現していくために、個人の「芸」や「技」を磨いていくことも必要になってきます。思想や哲学というのは、芸としてはちょっとマイナーな感じがしてしょうがありませんが、それでも僕は僕なりの表現の場所で、責任を果たしたいなと思っているんですよ。これからちょっと、その「芸」ということについて、話し合ってみようと思います。

太田　僕も、ここ最近ずっと考えているんです。面倒くさいから、テレビではストレートに言っちゃっているんですが、本当に僕がやるべきことは、自分の言いたいことを作品にすることです。それが芸だと思う。テーマを隠してコメディにしたほうがよくわかるということもありますね。

たとえば、ピカソのゲルニカ。スペインの内戦を写実的に描くのではなく、ピカソが頭の中で見たものに置き換えたほうが、むしろストレートに訴えかけてくるということがある。それがピカソの芸だとすると、僕は、原稿でもテレビでも、そのへんを省いてストレートな発言ばかりしている。自分の想像力や芸のなさという、自分の中の闘いみたいなものもある。その意味では伝え方の問題というのはすごくありますね。

中沢　それでも最近は、みんなが太田さんのしゃべることを楽しんでいるんだけれど、なにか本当の笑いというものは許していないなという感じをうけるんです。お笑いの許容度自体が、今の世界ではすごく狭くなっていて、その中で許されるルールならOKなんだけれど、それをはみ出すともう許さない、という戦時下の論理みたいなものが通用しちゃっているような気がします。そういうなかでの伝え方は難しいですね。アメリカの毒舌スタンダップ・コメディアン、レニー・ブルースみたいなやり方だと、政治的メッセージも含めて言いたいことはストレートに言っちゃってるじゃないですか。でもじゃあ、お笑いはそれでいいのかというと、ちょっと物足りない。

太田　レニー・ブルースは、メジャーではないです。王道ではない。レニー・ブルースのメッセージはごく一部の人には伝わったかもしれないけれど、広く大勢の人に自分の思っていることを伝えられたかというと、そういう力は持っていなかったと思う。

中沢　僕らが文芸誌なんかでやっていることは、レニー・ブルースと同じだね。言ってることは鋭いんだけれど、一般には伝わっていかないでしょう。だから太田さんが扱っているサイズの場所で、簡単なことじゃない内容をまちがいなく伝えるためには、ものすごい芸が要求されるというのがわかるな。

落語の表現から学ぶもの

太田　『国家の品格』（藤原正彦著・新潮新書）を読むと、今の日本人は昔の日本人が持っていた美しい武士道精神を見失いつつあると書いてあります。でも、そういうことは昔から言われていることなんですよね。僕は司馬遼太郎が好きでよく読んだんですが、『竜馬がゆく』は、江戸末期のころの幕府の侍たちは、長い鎖国の中でみんな平和ボケしていて、昔の武士道精神を失ってしまっていたというニュアンスで書かれています。そこから、坂本竜馬や高杉晋作のような、骨のある武士道を持った人間が下から出てきて明治維新を起こした。

　坂本竜馬や高杉晋作は、武士道を完遂した人たちだと思うんですが、じゃあ江戸時代の日本人が武士道を崇高なものだと思っていたかというと、それは違う気がします。あの時代のほとんどの日本人は、武士道というものをちょっと茶化して考えていた印象が、僕にはあるんです。

　古典落語を聞いていると、武士というのは、たいがい偉そうにしているバカなやつという ギャグの対象として出てくる。江戸時代の民衆はそんな落語ネタでストレス解消をしてたんだろうけど、じつは、武士道もいいけど、行き過ぎると危ねえぞという感覚を持った人たちがいっぱいいたんじゃないかと思います。その感覚をうまく落語が表現していた。改めて言葉や表現を考えたときに、この古典落語のような表現に、すごく大事なことが隠されている気がするんです。

　昔から日本には武士道もあったけれど、落語の文化も一緒に持っていて、うまくバランスを取ってきたんじゃないかと。日本人がこれは正義だと信じる美しい武士道精神がある一方で、「いや、ちょっと待てよ」とそれを茶化す文化も同時にあったわけです。武士道の危うさを茶化して薄める芸というか、表現というか、僕がやらなければならないのは、そこかなと思っているんです。

中沢　同感です。『国家の品格』は、その大事なところを取りこぼしています。

太田　ホリエモンみたいな人間はかつていなかったと決めつけているのも、ひっかかります。そんなことはないですよ。古典落語に「千両みかん」というネタがあります。あるとき、大店《おおだな》の若旦那が病気で死にかかって、真夏にミカンが欲しいと言い出す。親父さんの大旦那は、息子を死なせないために、何としてでも真夏のミカンを見つけて買ってこいと、番頭に言う。番頭は走り回って、やっと一軒だけ、倉庫に冬のミカンが一個残っているという八百屋を見つけ出すんです。

番頭が事情を話すと、八百屋は、この季節にミカンは手に入らないから、これは千両だとふっかける。番頭が大旦那にそれを伝えると、千両でも幾らでも買ってこいと言う。千両出して買ってきたミカンを番頭が若旦那に差し出すと、若旦那は十房あったうち七房だけ食べて、残りの三房を、おまえの親父とお袋と一緒に食べろと言って番頭にくれるんです。そこで番頭が考える。ん、待てよ。このミカンは十房千両だから、一房百両か。俺が奉公の年季が明けてもらうのは、せいぜい三十両だ。三房もらったってことは、ここに三百両あるってことだ。そう言って、三房のミカンを持って逃げちゃう話なんです。

この落語は、まさに価値を勘違いしたホリエモン的な人間を茶化したネタじゃないですか。こんな落語が古典として残っているということは、江戸時代にもホリエモンはいたということです。

中沢 そのネタ、ホリエモンというより、村上ファンドだね（笑）。

太田 いつの時代にも勘違いしているやつはいるんですよね。

中沢 たぶん、室町時代あたりからいたはずで、お金というものが出てくると、必ずそういう発想をする人間が出てくる。江戸時代にも、ホリエモン的なマネーゲームをして、手鎖になったり、追放されたお金持ちはいっぱいいます。

紀伊国屋文左衛門が典型でしょう。紀州で大豊作だったミカンが嵐のために江戸に運べず、価格が大暴落した。紀州では安く、江戸では高い。そこに目を付けた文左衛門は、ぼろ船を出して嵐の中を江戸にミカンを運んで、大儲けをする。それからどんどん同じような手法で、利殖を増やし、大金持ちになっていく。こういうタイプの「にわか長者」はITのなかった時代にも、かならず出てくるんですね。

ところが、こういう紀伊国屋タイプの「にわか長者」が江戸の六本木ヒルズみたいなところに住んで、日夜遊興の日々を過ごしていると、ある日、幕府にどうってことない嫌疑をかけられる。ご禁制の壺を隠してあったのが、女中の密告で見つかったりしてね。こういう国策捜査で、一夜にして、おまえは罪人だということになってしまう。今の検察庁のやり方は、ほんと鬼平（池波正太郎著『鬼平犯科帳』の主人公・長谷川平蔵）を思わせます。国家とお金が、いつも緊張関係にあるのは、今に限ったことじゃないんです。

武士道とお笑いの土壌は同じ

中沢　武士道の話をもう一歩突き詰めると、お笑いと武士道の精神は同じところにあるということにいたり着きます。

武士道には長い歴史があって、『平家物語』にも武士は出てくるんですが、源氏や平家にはさらに前身がある。皇居の滝口《たきぐち》にいた武士とか、野伏《のぶ》し、山伏《やまぶ》しの仲間にすぎなかった頃の「伏《ぶ》し」の人たちです。この人たちは職人で、壺を作ったり、曲芸をやったり、講釈を語ったり、今様を舞ったりする芸人の仲間です。つまり、武士も芸人の中に入っていたんですね。滝口の武士などは、水源地を守る呪師のたぐいでしょう。

武士道では、自分の命に執着しないことが基本精神になっています。その一つのピークが中世にあります。戦国時代の武士は、いつも死と背中合わせに生きていた。これは芸術家に近い生き方ですよね。死と背中合わせにいると、自分の生きている世界を、いつも外から醒めた目で見ていることになる。半分死んで、半分生きているのが芸人であり、職人というものですから。生きている世界に対して、笑いとか、ちょっと醒めた目で茶化すという視点は、そこから育ってくるわけです。噺家《はなしか》がこういうタイプの人たちの中から出てきます。

落語のもとになっている安楽庵策伝《あんらくあんさくでん》の『醒睡笑《せいすいしょう》』（江戸初期、安楽庵策伝和尚が編者として集めた笑い話の収録本。後に落語のネタとなったものも多い）の、語り部になっていたのは、当時身分の低かった職人的な芸人さんたちです。この語りの職人が、権力の近くに呼ばれて行って、権力を笑うんです。すると、当時の権力者は豊かな心持ちになれた。シェイクスピアの芝居にしょっちゅう出てくる〝道化〟みたいな人たちですね。権力は、道化や笑いをそばにおいておかないと、うまく機能しないところがあります。武士もまた、そういう芸人や職人の世界から出てきた人たちだってことを忘れちゃいけない。

武士道の大もとを考えてみると、噺家が生まれた土壌と同じです。だから、武士道と噺家、お笑いにはけっこう近いものがあるんですよ。今の日本人にたしかに武士道は必要でしょう。ただしそれは、ほんもののお笑いが必要だっていうのと同じ意味でね。お笑いだって、死を背負いながらやっているんです。板子一枚下は地獄みたいなところで、やっているわけでしょう。

太田 落語は深いんですね。僕らがいくら漫才やったり、テレビで発言しても、古典落語にはかなわないと思うことがたくさんあります。このすごさは何だろうと考えてみると、威張り散らす武士やホリエモン的な商人を、笑い者にして徹底的に茶化すんだけれど、最終的には愛嬌があることなんです。笑い者にしながら、結局全部許しているんですね。その懐の深さというか、視線の置き方が高いというか、素晴らしいなと思うんです。

人間生きてると、あいつ許せないと思うことがいっぱいある。でも、そんなことも含めて古典落語は笑っちゃう。こんな芸をつくった日本人を、僕は誇らしいと思います。

中沢 優しいんですね。ホリエモン的な人間に対しても優しい。視線が高いとも言えるし、まあとことん低いとも言える。低いところから人間を見ているから、世の中でぐんと上昇した人が落下していくのを見ても、何か優しいんでしょうね。この人たちをそんなにいじめちゃいけないよねっていう視線がある。そこが素晴らしいですね。

いつもちょっと外にいることができるというスタンスです。外というのは、社会の価値観の外という意味もあるけれど、突き詰めていけば死者の場所です。死者と生きている者の間に立って、落語は成り立っているんじゃないかと思います。

太田 落語の笑いというのは、人間を危ういほうへ行かせないための、一つの抑止力になっているとも言えますね。

中沢　先ほど僕の言った安楽庵策伝の『醒睡笑』は、高校のころからの愛読書なんですが、その中にすごく好きな笑い話があります。この話は、僕が宗教学を志したきっかけの一つでもあるんですが。

京都に日蓮宗の寺と浄土宗の寺が道をはさんで向かい合わせにあった。この寺同士がものすごく仲が悪くて、お互いに悪口を言い合っている。悪口を言うだけでは気がすまなくなって、日蓮宗のお坊さんたちは、法然と名づけた犬を飼っていじめた。「法然のバカ」とか言って、みんなでこづき回す。それを見ていた浄土宗の寺のお坊さんが、何くそと日蓮と名づけた犬を飼っていじめ始めた。ところがある日、日蓮という犬と法然という犬が道でばったり出くわして、大ゲンカを始めたわけです。そうしたら、日蓮宗のお坊さんたちが、「法然頑張れ」、浄土宗のほうは「日蓮頑張れ」と応援しちゃった（笑）。そのうち、はっと気がついて、お互い反目をやめたというお話。

太田　面白いですね。

中沢　このお笑いの精神こそ、今の世界にいちばん必要じゃないですか。国同士、民族同士、宗教同士、とにかくいろんなところで反目が起こっている。今の日本で起こっている若者たたきも、世代間の反目をあおっている。その反目を埋めて、間をつないでいくのは、お笑いしかないでしょう。

笑いが人を殺すこともある

太田　僕からすれば、まるで見分けがつかないほど似た者同士なのに、そこまでぶつかるかという血の紛争が世界の至るところで起きていますね。日蓮宗のお坊さんと浄土宗のお坊さんが、はっと気づいて笑えるような空気がなくなってしまうのは、すごく残酷なことだと思います。古典落語にあるような相手を許す笑いがなくなって、徹底的に相手を否定するという空気が充満しています。インターネットの書き込みなんて、「太田死ね」の連続ですから。

中沢　ほとんど殺意そのものですよね。

太田　ネットの書き込みには、まったく想像力がない。デンマークの新聞がイスラム教の風刺画を掲載して、イスラム教徒を怒らせたじゃないですか。僕もあの絵を見ましたけど、この程度でそこまで怒るか、とは思います。でも、受け取るほうは、自分たちを全否定されていると感じているわけです。表現する側にその想像力がないんですね。何かを笑うということは、中沢さんの言うように、コミュニケーションギャップをつなぐ一つの手法でもある。けれど、その一方で、人を殺すほどの攻撃力があるということも忘れちゃいけないと思うんです。

中沢　そのとおりだねえ。お笑いが持っている恐るべき力というのがあって、宗教を笑いのめしたり、下手すれば天皇制だってお笑いにできてしまうという強い破壊力がある。笑いには、もともとそういう力がある。だからこそ、そこからものすごい思想や芸術が生まれる可能性があるわけです。常識は、そこまでラジカルにやるのはまずいだろうと、良識の範囲内に抑えるんだけど、太田さんは、けっこう踏み外しをやっている数少ない芸人だね。

太田　ええ。下手すりゃ、人を殺すなと、時々自分でも怖くなります。

中沢　生きている人間がつくっている世界はもともと不完全ですものね。その不完全な世界を存続させていくためには、きっと言ってはいけないことがたくさんあるんだと思う。だからその部分のことは、話題にしないようにしてる。太田さんの芸は、そのぎりぎりのところで綱渡りをしようとしている。最近のテレビを見ると、けっこう危ないところに身をのりだしちゃっているなあ、摩擦も多いだろうなって思います。

太田　番組スタッフは、むしろ僕に暴走しろと言うんですよ。まあ、編集では、太田はあんなこと言ったけど結局バカだという視点を入れて、引き戻してくれますけどね。

中沢　むしろそれが安全弁になっているわけか。

太田　それでも敵は多いし、人を殺しかねない人生には違いはないんですが。

中沢　上野の不忍池《しのばずのいけ》のあたりへ行くと、河豚《ふぐ》職人が河豚の碑を立てたり、スッポンの料理人がスッポンの碑を立てたりしてるじゃないですか。自分が殺しちゃったものの霊を供養してるんです。優れたお笑い芸人というのは、やっぱり人を傷つけちゃうんだと思うなあ。常識が守っている陣地に切り込んでいかなければならない武士道芸なんですからね。昔の落語家たちも、自分が笑いのめした人たちの碑を立てるくらいの気持ちでやっていたんだと思いますよ。

太田　僕は初めて立川談志師匠の落語を聞いたとき、ものすごく感動したんです。あとで何に感動したのかをよくよく考えてみると、談志師匠の落語がのっているときの感じは、エクスタシーに近い。セックスの絶頂みたいなのがずっと続いているんだろうなというのが、見ていてわかるんです。

中沢　接して漏らさずだね（笑）。

太田　あの表現力はすさまじい。古典落語を女にたとえると、こいつをどうやってイカせるかということをやっているんだと思う。僕なんかセックス下手くそだし（笑）、途中で萎《な》えちゃったり、相手が先にイッちゃったり、こっちが先にイキすぎちゃったり、空気の読み方とか段取りが下手というか。談志師匠の場合は、古典と本当に交じり合って、絶頂の陶酔を感じている。また、その技巧を持っているんですね。

中沢　きっと談志さんは、前世で床上手《とこじょうず》のお女郎さんだったんですよ（笑）。床上手の才能は、どんなジャンルの芸でも大事です。太田さんは、下手そうに見えて、そのぶきっちょな動きでけっこう相手をイカせている、そういう変わったタイプの床上手のお女郎さんなんじゃない（笑）。

太田　さらに談志師匠のすごいところは、古典落語を語りながら、自分を消そう消そうとしている。その技術は天才的ですね。その源にあるのは、やはり想像力なんだろうなと思います。

中沢　イメージする力ですね。

太田　イメージを自分の体で相手に伝える力です。その力には、人を殺すかもしれないという危うさも含まれていて、なおかつ自分など本当にちっぽけな存在だと思うこと。それこそが、宮沢賢治が表現するときに自分に抱いていた感覚だと思うんですね。だから、僕は賢治を信頼できるんです。

中沢　最近、世界に蔓延しているのは、ゴーマンです。でも、この世にいつまでも不滅なものはないし、万能なものもない。理性だって限界があるし、国家だって限界があるし、その限界の中にありながら自由というのはある。そこにこそ、笑いも幸福も豊かさも発生してくるはずなんですね。ゴーマンになりつつある人間たちに、限界を教えてくれるのがお笑いです。

きっとそういうお笑いは戦争を発動させないための文化となりうるでしょう。まだまだ僕たちの世界には、セックス上手のお女郎さんみたいな知性が少なすぎるんだと思うな。

第四章　憲法九条を世界遺産に

――九条は平和学の最高のパラノイアだ

言葉の持つ力と危うさ

中沢　今の日本は、大人も若者も、考え方が一つのパターンにはまっていく傾向が強くて、けっこう危ういところに進もうとしている気配があります。幸福じゃない方向に行こうとしている。上手な表現というのは、そういうパターンに揺さぶりをかける力を持っているはずですね。

太田　小泉さんのやることを、何か違うなと思っているにもかかわらず、「テロに屈するな」とか「官から民へ」とか、あの断片的な言葉で示されちゃうと、国民はその気になってしまう。そのほうが伝わりやすいのかということになると、すごく困るわけで、そこは引っ繰り返したいという気持ちが強くあります。

ブッシュや小泉さんの「テロに屈しない」という台詞《セリフ》は、すごく勇ましいわけです。でも僕としては、そこでちょっとテロに屈してみてもいいんじゃないかと思ったりする。今それは禁句なんです。それでもあえて、僕の持っている連載ページで「テロに屈する勇気を」とか書いてみちゃったりするんですけれど、やっぱり怖い。じゃあテロで死んだ人たちはどうなるんだと言われると、それはそのとおりです。だけど、それが言えない空気になっちゃうというのは、けっこう怖いことだと思うんですよ。

中沢 テロに屈する必要はたしかにある。テロというのは最終的な、しかも極端な表現じゃないですか。そこにたどりつくまで、じつはもっと広くて大きないくつもの選択肢があったわけでしょう。人間はいつも最終的に出てくる表現に気持ちがとらわれてしまう。とくにテロだとか戦争だとかいうと、もうそこだけに関心が集中して、裾野の広さが見えなくなってしまう。

太田 「テロに屈しない」という言葉の先にあるのは、攻撃に甘んじて殺されること以外は、戦闘行為しかないですからね。それと、もう一つ気になっているのは、小泉さんが、中国や韓国に靖国問題の説明をするときに、「不戦の誓い」という言葉を繰り返すじゃないですか。あの言葉は、僕とかみさんがケンカしたときに、「ごめんなさい、もうしません」って言うのと同じくらい軽い。

中沢 そう言いながらすぐまたやっちゃうもんね。

太田 そういう感じを相手に与えますよね。もう「不戦の誓い」という言葉は通用しなくなっているんです。相手も、同じことをこの間も言ったじゃないかと思うだろうし。
中沢　太田さんの奥さんは許してくれるだろうけどね（笑）。
太田　僕とかみさんには、そういう信頼関係はありますけど、策略である外交でそれをやってはいけないんじゃないかと思うんです。僕はこの前の「太田光の私が総理大臣になったら…秘書田中。」の番組の中でも、「外交するなら、言葉ぐらい変えろよ」と言ったんです。その言葉自体が重要なのではなく、言葉を変えて違う角度から説得するということが大事なんだと思う。相手にとっては、それが一つのリアクションになるわけですから。その態度を日本が見せないのは、じつはとても危険なことだと僕は思っているんです。
中沢　小泉さんの「不戦の誓い」って、まるでのっぺらぼうな言い方だね。
太田　「不戦の誓い」という言葉だけを見ると、美しい言葉に聞こえる。でも、言葉って力があるから、それだけを切り取ると、それを言った人が誰なのかを想像させるヒントを隠してしまうと思うんです。ネット上で「太田死ね！」と、匿名で一言だけ載せるのと同じように、すごく効果的ではあるけれど、それ以外のヒントを与えないわけです。
　やっぱり僕は、小泉さんがなぜ自分は靖国に参拝するのかを、たとえ矛盾があったり、失敗したりしても、たくさんの自分の言葉を使って話してほしい。その人間が見えなくなるキャッチフレーズより、誰がそれを言っているのかが大事なんだと思うんです。

さっき談志師匠の話をしましたけど、古典落語というのは師匠から弟子への口伝えが主だというんですが、あれだけ客を魅了できるということは、談志師匠が、言葉にはすごく力があると同時に非常に危ういものだということを、よくわかっているからだと思うんです。少なくとも、人前で何かを表現したり、文章を書いている人は、言葉の持つ危うさを知らなければいけない。その意味で、小泉さんも表現者にならなければいけないと思います。

中沢　じつは小泉さん、太田さんに自分の代弁者になってもらいたいという願望があってか、「爆笑問題」に文部科学大臣賞（二〇〇六年三月十五日、芸術の分野で優れた活動をした人に贈られる、二〇〇五年度芸術選奨文部科学大臣賞・放送部門に「爆笑問題」の二人が選ばれた）をあげたんじゃないでしょうか？（笑）

太田　いやいや、逆でしょう。これをやっておけば少しは黙るだろうという思惑があったんだと、僕は思ってますけど（笑）。

「不戦」と「非戦」の違い

中沢　小泉さんの「不戦の誓い」という表現で、ちょっとひっかかるのは「不戦」という言葉でしょうね。不戦という言葉は、俺はじつは戦えるよ、でもね今は戦わないでおくよというつよがりが含まれてます。もう一つよく似た言葉で、まったく概念が違う言葉に「非戦」があります。非戦は、一貫して私は戦いませんという言葉です。

不戦という言葉を、もう一歩深めてみると、その本質は自分はやろうと思えばいくらでも戦えますよ、あんたなんかのしちゃいますよ、でも今はやらないよと言っているのと同じような不穏なポーズが隠されています。それを思想にまで高めていくには、不戦を非戦にまで高めていく必要があるでしょう。不戦と非戦というのは、非常に大きな違いがある。「日本は非戦の誓いを胸に」と言うと、不戦と言うときとはがらっと変わってきます。

普通の国の憲法では、不戦しか言わないでしょう。我々は軍隊を持つ。自衛権も持つ。一朝事あれば他国に攻め込むこともある。でも、それは平和時にはやりません。これが普通の国の憲法です。現実的な思考をすれば、国家にとっては不戦しかあり得ない。

ところが、日本国憲法はそうじゃない。非戦だと言い切っている。そこが日本国憲法のユニークさなんですね。国家が国家である自分とは矛盾する原理を据えているわけで、日本国憲法が世界遺産に指定されるに値するポイントですね。

太田 日本国憲法の九条は、とくに世界遺産に匹敵すると思います。

中沢 世界遺産に指定された場所の多くは、現代社会の中で、なかなかほかにはあり得ないようなあり方をしています。美しい景色も、そこに残された精神的な価値も、現代の価値観からするとあり得ない場所です。そのあり得ない場所を持続しようというのが世界遺産の考えでしょう。ほんとのこと言うと白川郷の人たちだって、サッシはめたり、エアコンを入れたりしたほうが快適なのに、それをしないでいるやせがまんが、彼らを立派にしている。そういう考え方は悪くないと思います。

日本国憲法は、普通の国の憲法とは違う。とくに九条があることによって、普通になれない。それは国家が自分の中に矛盾した原理を据えているからです。だからそれはある意味で、修道院に似ています。修道院のような暮らしは普通の人にはできない。でも、修道院のようなものがあると、人間は、普通ではできないけれど、人間には崇高なことにとり組む可能性もまだあるんだなと感じることができる。そういう場所があることは、すごく大事なことです。

だからその意味でも日本国憲法を世界遺産にというのは、最高の表現なんですよ。太田光、よくぞ言った（笑）。きれいな表現だし、正しいし。日本国憲法の構造は、やっぱり特殊ですからね。その特殊さは、普通の国家の考え方からすれば、政治学的にはとんでもない考え方かも知れないけれど、それがあることによって、崇高な何かがそれでもまだ存在するかも知れないという希望をあたえる。それは、日本を普通の国に戻すことより、ずっとよいことだし、政治学の常識を超えてみれば、正しいことでさえある。

人間の愚かさを知るための世界遺産

太田　世界遺産をなぜわざわざつくるのかといえば、自分たちの愚かさを知るためだと思うんです。ひょっとすると、戦争やテロで大事なものを壊してしまうかもしれない。そんな自分たち人間の愚かさに対する疑いがないと、この発想は出てきません。人間とは愚かなものだから、何があってもこれだけは守ることに決めておこうというのが、世界遺産の精神ですよね。そんな規定がなくても守れるのなら、わざわざ世界遺産なんて言わなくてもいいわけです。

中沢 ほっとけばいいだけの話だものねえ。

太田 今までの歴史が証明してきたように、人間は自分たちの行動に対する疑いを強く持っています。それが想像力なんだと思います。

中沢 自分がダメだという前提に立ったときの想像力ですね。

太田 日本国憲法の九条というのは、ひょっとしたら間違いを犯すかもしれない、そんな愚かな人間だからこそ守っていかなければならない世界遺産なんです。絶対守るべきだという断言はできないんですけど。

中沢 守るべき絶対的な根拠はいつもないでしょう。世界遺産の場所をどうしても守らなければいけない根拠なんてない。昔から、人はそういうものを実際におしげもなく壊しているもんね。戦争があれば壊れるし、ボロブドゥール（インドネシア、ジョグジャカルタのメラピ山の麓にある世界最大級の仏教遺跡。一八一四年、英国ジャワ副総督ラッフルズによって発見）は、ジャングルの中に埋もれていたわけだし。それはそれでよかったじゃないですか。ただ、今のような時代になると、自分たちが壊したものが何であったのかという想像力が必要になってきます。これからは、歴史の遺産を守るということの意味が、もっともっと切実になってきます。

太田　世界遺産というのは、今までの歴史の積み重ねですよね。たとえば、僕なんかはすぐ悪ふざけで落書きとかしちゃうタイプの人間なんだけど、じゃあ目の前に世界遺産があったとき、それをするかというと……。

中沢　田中バカとか落書きしちゃう（笑）。

太田　ちょっと怖くて、それはできない。僕は、それと似たようなものを、最近話題になった女性天皇の問題にも感じるんです。本来の僕なら、今の時代に女性天皇を認めないなんておかしいというタイプの人間なのに、この問題に関しては、いや待てよ、それは世界遺産に落書きするような態度なのかもしれないと思ったりする。まあ、日本国憲法には、天皇制ほどの伝統はないのかもしれないけれど、精神としての平和主義には伝統があると思うんです。

中沢　あります。一万年規模であります。

太田　太平洋戦争が終わったときに、アメリカと日本が日本国憲法で表現したことは、向こうの世界の古典をこっちに引っ張ってきて表現してみせたことだと思うんです。それを今の人間の都合でつくり変えちゃいけない。それをするのは、世界遺産に落書きするようなものです。

中沢　僕は民俗学をやっているから、日本中の神社をよく歩き回ってきました。それでわかってきたのは、神社というのは落書きの場所だということでした（笑）。どこの田舎に行っても、神社の裏の壁には、必ず「オチンチン」とか「オマンコ」とか書いてある。誰かさんと誰かさんの相合い傘というのも定番ですね。他の場所にはそんなにないのに、神社の裏の壁にはいっぱいある。公衆便所にも落書きはたくさんあるけれど、それじゃ神社は公衆便所と同じなのかということになる。

でも考えてみると、イエス・キリストなんて人も昔から落書きを書き続けられた人でしょう。やい、この童貞野郎とか、本当は女をコマしたんだろとか。いろいろひどいことを書かれてきた。イエスという人は、そういうことを書きたくなる人です。

では、なぜ人は神社に落書きしたくなるのかというと、もともと神社という建物が日本にはなかったからじゃないでしょうか。日本人は、神様をまつるのに建物を必要としなかった。山とか木とか、その向こうにあって見えないもの、それを神様として考えていて、そこには手をつけなかった。ところが、神社というものがつくられると、神とイエスのような関係になって、ここには何か悪戯《いたずら》をしたくなるわけです。神様だけで十分なのに「神の子」がでてきたわけで、そうなるとそこには落書きしたくなります。

日本文化の中でも、日本人が手をつけないでおこうとしているものと、お笑いの対象にしたり、落書きを書いちゃってもいいという場所との区別が存在していたんだと思います。しかし、今の時代、その区別の見分けがつきにくくなっているから、ほんらいなら落書きしたってかまわないという場所をむやみに神聖化したり、逆に落書きを書いちゃいけない場所に書いてしまったりしてる。

太田 憲法改正の問題は、まさにそこを取り違えているわけですね。手をつけてはいけないところに手をつけようとしている。

中沢 そうです。ただ、イスラム教のタリバーンがバーミヤン（アフガニスタン、バーミヤン渓谷の古代の石窟仏教寺院。世界遺産に指定。二〇〇一年三月、偶像崇拝を否定するイスラム教・タリバーンによって、渓谷の二体の大仏が破壊された）の仏像を爆破して、困ったことをしたものだなと思う反面、イスラム教の考え方からすると、仏像というのは、落書きみたいなものですから、ただ落書きを消しただけという見方もできる。

だから、あの偉大な文化遺産を壊したことはけしからんと言うだけでは、ちょっともの たりない気がする。イスラムは、あの仏像に宗教思想として対峙したのですから、壊すという考えもなり立つでしょう。しかし、それはイスラムの原理にのっとった見方で、イスラム教もキリスト教もないぞという超宗教的な立場に立てば、仏像は落書きの場所としてとってあるんだから、壊しちゃいけない、イスラム教のあの人たちはやりすぎですよと言えます。

日本でも、そういう区別を確定していく作業が必要でしょう。天皇制のどこに手を触れないほうがいいのか、変えないほうがいいのか、日本国憲法の中でどこは変えないほうがいいのか、この見極めをはっきりすべきだと思います。いまのままでは、なんとなくあいまいに変えられていってしまうおそれがあります。

太田　中沢さんは女性天皇の問題はどう思いますか。

中沢　男系相続が天皇制の本質を決めているかというと、違うんじゃないかと思います。天皇制そのものが、時代ごとに性格をごろっと変えていますしね。中世の天皇制と今の天皇制ではこれが同じ天皇制かと思うくらい違いますし、江戸時代の天皇制、明治時代の天皇制も今とは違う。それくらい柔軟に性格を変えてきている。その中で男系相続と、伊勢神宮の儀式だけが変わらず残った。しかしこの二つだけをとらえて、天皇制の不変の原理と言ってしまうのは少し違うんじゃないかと、僕は思っているんです。

男系相続だけで天皇制の本質を通してしまったら、天皇制自体がすごく貧しくなるんじゃないか。歴史を通してこんなにも現実に柔軟に対応してこられたというのは、きまった本質というものがないからじゃないでしょうか。矛盾をあわせのむトリックスターみたいなものですね。お笑いの本質にも近いところはあります。その意味では、天皇制というのは、巨大なトリックスターです。その本性はお笑いだと僕は思っているんだけれど、それくらい柔軟に生きぬいてきたものの本質を、男系だけで決定はできないだろうと思っています。つまり、女性天皇もありです。

日本国憲法は環太平洋的平和思想

中沢　太田さんが言うように、まさに日本国憲法も同じで、短い歴史しか持ってないようで、じつは一万年規模の歴史性を持った平和思想なんですね。「環太平洋の平和思想」というものの最高表現だとも思っています。アメリカ先住民の思想が、建国宣言に影響を及ぼし、その精神の中のかすかに残ったものが日本国憲法に生きている。それが日本民族の精神性と深い共鳴をもってきた。そう考えれば、日本国憲法のスピリットとは、一万年の規模を持った環太平洋的な平和思想だといっていい。だから、決して新しいものではないのです。そういうところから見ると、天皇制と日本国憲法は、もともと親和性があるのでしょうね。本質を共通にしているところがある。

太田　天皇制も憲法も常に議論の対象になるのは、そういう本質が似ているからなのかもしれませんね。どちらも、人間の本質を問う問題なんだと思います。憲法九条に関して言えば、もしかすると日本人はまた人を殺すかもしれないという、自分への疑いがそこにある。

言ってみれば、あの戦争は、あのときの正義が人を殺したわけです。だからこそ、憲法九条で絶対人は殺しませんという誓いが必要なんです。九条を抱えていることで、今、自分が信じている正義は違うかもしれないと、自分を疑ってみる。そういう姿勢が必要なんじゃないかと思うんです。極論すれば、憲法九条を世界遺産にと言い切ることも、どこかで疑問を感じながら言わなければいけないのかもしれない。

中沢 世界遺産にしてみたら？　ぐらいにしとこうか（笑）。

太田 別の局面から見れば、憲法九条があるおかげで、戦争を否定することがいいのかどうか、逆に改憲論者の人たちの意見も出てくるわけです。護憲派と改憲派がこっちに引っ張り、あっちに引っ張りと、たくさんの意見が出て、迷い続ける。じつは、その迷いこそが大事なんじゃないかと僕は思うんです。

中沢 まったく同感です。日本国憲法は矛盾をはらんでいますから、それを抱え続けるかぎり、迷って当然です。

太田 矛盾を正せば迷わなくなるんでしょうけど、迷わなくなるほうが危ないと思う。

中沢 日本国憲法から矛盾を取ってしまうと、論理的にすっきりして、国家の本性に合った憲法ができるでしょう。そうなると、今度は問いかけということは難しくなる。矛盾がなくなるということは、問いかけがなくなるということだし、問いかけがなくなることは、日本人の心を貧しくするでしょうね。

人間の生きているこの世界が、生きている人間だけでできているとすれば、矛盾はありません。ところが、そこには死もあるよと考えるときに、矛盾が発生するんですね。そうなると、みんな死というものについても考えるようになる。ところが死を追い払うことで、思考の回路が断ち切られているわけでしょう。だから、死にかかわることは暴力的な形でしか出てこない。おそらく憲法に関してもそうだと思うんです。今の日本国憲法を、国家の本性に合うように論理的整合性をつけてしまうと、別の形の暴力が発生するようになると確信します。おっと、確信するなんて言い切ってはいけないのか（笑）。かもしれない（笑）。

太田　憲法九条を世界遺産にするということは、人間が自分自身を疑い、迷い、考え続ける一つのヒントであるということなんですね。

殴らないケンカ技法を磨く

中沢 人間の暴力について、インド人に教えられたことがあります。若いころにインドに旅行して、とても印象的だったのは、インド人のケンカの仕方でした。インド人は些細《ささい》なことでよくケンカするんですけど、絶対に手出しをしない。貧乏ですから、「おまえのほうがちょっとミルクが多い」とかで言い争いになったり、汽車のチケットを買うときにも順番を守らない人々だからすぐケンカになる。だから年中言い争いしている。でも殴り合いはないんです。

日本人は、インドにいてもカッとなってボーイの胸ぐらをつかんじゃったりすることがよくあります。僕もテープレコーダーを盗まれたときに、「どうなっているんだ!」と相手の胸ぐらをつかむと、「そういうことはしてはいけない」とすずしげに言ってました。盗んだ本人がですよ（笑）。「じゃあ、どうすればいいんだ?」と聞くと、「語り合わなければいけない」と。僕が英語でまくし立てると、向こうもすごい英語でやり返してくる。そのうち、まあまあと必ず仲裁者が現れて、双方の主張を入れながら分けるというやり方をする。インド人は、ケンカの裾野をすごく大事にしています。

クラウゼヴィッツの戦争論はつくづく正しいと思うなあ。戦争は政治の最終的表現形態にすぎないという、あれです。殴るのはケンカの最終表現にすぎないわけで、できるだけそこへ至っちゃいけないというインド人の知恵はすごいと思う。テロに屈するなと言って戦争の論理を発動させると、その下で動いているものが何も見えなくなる。それを作動させないために文化があるわけで、物書きも芸術家も、お笑い芸人も平和を維持するのは、殴っちゃいけない立場にたってケンカする人間だと思うんですよね。

右翼でも左翼でもない「中道」

太田　思想的な対立と言えば、以前から疑問に思っていることがあるんです。人は、なぜ右翼と左翼に分けたがるんでしょうね。右翼も左翼も、自分の役割を意識した瞬間に、何か捨てるものがあります。右翼であるなら、これは言ってはいけないみたいな。僕はそこがまどろっこしいと思うんです。僕が田中智学の思想を納得できる手がかりは、宮沢賢治の短編小説に感動できるからということだったりするわけです。そこまでは理解できる。だけど、その先で中国などに行って虐殺をしたりすること、それはやめようよと。僕がいろいろ言っていることは、右翼の人が「そうだ、そうだ」と言うこともあれば、左翼の人たちが「そうだ、そうだ」と言うこともある。要するに、右翼、左翼で分けてしまうことが、大事なことを見落とすことになるんじゃないかと思うんです。

中沢　そういう分け方をすると、大衆というぶれないところからぶれてしまう危険性があるしね。大衆が欲してないことを考えてしまう危険がある。右翼も左翼もそういうところへ行ってしまう傾向がある。

太田さんが最近考えたり、書いたりしていることを見ると、これは右翼が怒るなと思うところもあります。と同時に、じゃあそれは左翼の論理かというと、それとも違う。たぶんこれが中道なんでしょうね。中道だから、右にも左にもいいなと言われる。あるいは両方から文句言われる。

その意味で言うと、日本国憲法はすごくふところが深い。ある面とても過激なんですよ。しかし過激でありながら、その過激さがバランスを生んでもいる。だから左翼もこれをよしとしたし、保守の人たちが新しい日本国憲法の草案を書いても、落としどころはまあ、ここしかない。日本国憲法に共鳴しているこの中道というものを明らかにすることができれば、混迷から抜け出る道が見つかると思います。

太田　それはたぶん世界中でできていないことですね。

中沢　できていませんね。

皮膚感覚として伝わる言葉

太田　こういう問題は、インテリだけ集まって考えていくと、絶対取りこぼすものがいっぱいあって、失敗するような気がします。頭のいいやつもバカなやつも一緒になって考えていかないといけない。いわゆるインテリの書いたものに、僕はどうも懐疑的なんです。僕なりに、丸山真男とか鶴見俊輔とかの書いたものとか読んだんですが、難しくて理解できない。いわゆる転向という問題がすごく大きいのはわかるんだけれど、転向の研究をずっとやっている意味はなんだろうと。

中沢　僕が転向に関していちばん信用できるなと思ったのは、吉本隆明さんでした。

大衆がどういうふうに振る舞ったか、を出発点にして考えるとおのずと見えてくるという考え方です。いちばんぐらつかない軸をそこに置いてみると、インテリがどう考えたか、小説家がどう考えたかということの位置がちゃんと測定できる。大衆が何かというのはじつはよくわかりません。今、太田さんのお笑いを見て笑っているのも大衆だし、小泉さんに投票するのも大衆です。だけどそれでもいちばんぐらつかない軸は大衆なんですね。それから見ると、インテリたちがつくったものは、脆弱《ぜいじゃく》で、取りこぼしがあると感じます。

太田　単純に言えば、言葉が難しすぎるんです。難しい専門用語じゃなく、何で転向したの？　というシンプルなことを僕は聞きたい。それを生の言葉で語ってほしいんです。

たとえば、戦没学生の手記『きけ　わだつみのこえ』を読んでいても、皮膚感覚で伝わってきません。あれは戦後すぐ出された本で、最後の解説のところに国粋主義的なものは全部省いたと書いてある。あの本に寄せられている手記を書いたのは、東大生とかのインテリで、なおかつ戦争中から戦争反対の考えを持っていたという人たちだから、それはもうわかったと。それよりも僕が知りたいのは、戦争を信じた人たちがどんな確信を持って信じたのかなんです。それが排除されていることがもどかしいというか、僕らの世代にとってみると、それこそが知るべきことなんじゃないかと思います。その部分がどの思想家の本を読んでいても、ストレートに伝えてもらえてない気がする。

中沢　三島由紀夫の文章などでも、逆にそれは出ていないですよね。学生だけでなく、戦前の一般の人たちが何を信じていたのか、という実感的な表現がない感じがします。そう考えると、三島由紀夫は、戦前も戦中も、そして、戦後も、はたしてたしかなものに触れてたんだろうかと感じることがあります。むしろ川端康成のほうが事態を正確に見ていたなと思うくらいです。

子供の頃周りにいた庶民は何に関心があるかといったら、転向もくそもありませんでした。僕をしょっちゅう遊びに連れていってくれたおじさんは、『海軍兵学校物語　あゝ、江田島』とか『人間魚雷　あゝ回天特別攻撃隊』とか、そういう軍隊物の映画が大好きで、「いいだろう、新ちゃん」とか言って連れてってくれました。そういう人たちの話を聞くと、子供心にも何となく父親や叔父たちのようなインテリたちの考えていることと違うな、と感じるわけです。そこで当然、戦艦大和ものとか、特別攻撃隊、人間魚雷・回天の乗組員の話なんかを読むようになる。ところが『きけ　わだつみのこえ』を、やっぱり読まなきゃいけないんじゃないかと、読むのですが、この二つがうまく合体しないんです。それで自分の中で大混乱に陥った時期がありましたね。

太田 それは伝える人たちの、芸のなさのような気がします。転向を考えるのは、頭のいい人たちなんだろうけど、僕らのところまでおりてくる能力がなかったとしか思えない。

中沢 日本のインテリも哲学者も思想家も含めて、思想表現において成功した人はほとんどいないというのは、残念ながらそのとおりなんだろうね。吉本隆明さんは僕の信頼する人で、六十過ぎてからは非常にわかりやすくなったけれど、以前はやっぱり難しかったなあ。

太田 中沢さんが難しいものを、僕らが理解しようとしても絶対無理です（笑）。

中沢 僕だって、自分の書いたものを読んでみて納得がいくようになってきたのは、ごく最近のことだよ。それにしても太田さんの技術から見ると、僕らの使ってる表現の技術には限界がみえみえでしょう。ただ太田さんが使っているお笑いの技術だけでは、表現できない重要なものもある。だから二人が使ってる技術を結合すると、けっこういけるんじゃないかと（笑）。でもそうなると、やっぱり田中君が欲しい（笑）。

平和憲法を守る覚悟

中沢　ただですね、こういう日本国憲法を守っていくには、相当な覚悟と犠牲が必要となるということも忘れてはいけない。

太田　たとえば、他国から攻められたりしたときですね。

中沢　そうです。犠牲が出る可能性がある。理想的なものを持続するには、たいへんな覚悟が必要です。覚悟のないところで、平和論を唱えてもダメだし、軍隊を持つべきだという現実論にのみ込まれていきます。多少の犠牲は覚悟しても、この憲法を守る価値はあるということを、どうみんなが納得するか。

太田　憲法を変えようと言う側と、変えるべきではないと言う側、どっちに覚悟があるかという、勝負ですね。この問題は、僕も考えるんですが、いつも矛盾してしまう。憲法九条は絶対変えるべきではないと思いつつ、じゃあ、目の前で自分の家族が殺されたら、どうするんだと。そのときは、絶対相手を殺してやると思うんですよ。家族を殺した張本人と、その国のボス、最低でも二人は殺すぞと。そんなことを考えるのは、あきらかに矛盾しています。でも、憲法九条を守るということは、下手をすれば、相手を殺すぞというところまで覚悟していないと、言えないことじゃないかとも思うんです。

中沢　逆に言えば、下手をすれば殺されるということでもあるわけで。

太田　そうなりますね。

中沢　それを受け入れられるかどうか。

太田　僕は、軍隊を持とうと言っている側のほうが、覚悟が足りないと思うんです。それを強く感じたのは、イラクの人質事件です。最初に三人が人質になったとき、自己責任だという話が出てきた。彼らは、幸いにして助かったけれど、その後一人で行った香田君には、さらに自己責任論が膨れ上がった。あの危険なところに自分探しの旅に行くなんて、あまりに軽率だろうと。僕はあの論調を見ていて、なんだこの国はと腹が立ちました。

僕だって、若いときは無鉄砲だったし、バカだった。今だって、たいして変わりません。この国は、バカで無鉄砲な、考えの足りない若者は守らないのか、死んでもいいのか、と思いました。

実際に香田君が殺されたときも、自己責任だったと、国も言うし、国民も言った。自分の国は自分で守りましょうと言っている人たちが、自分たちの国民を殺されて、文句一つ言わないなんて、何が国防なのかと思います。そんな人たちが軍隊を持っても、戦争なんてできないと僕は思うんですよ。

中沢　平和憲法を守れという人たちの考え方のほうが、現実的だという人もいます。日本の軍隊を発動させたところで、どれほどの現実的な力を持つのかと。むしろ軍隊を出すことによって、戦争に巻き込まれていく危険性のほうが大きいという主張です。しかし、僕はこの考え方も、覚悟が足りないように思えます。ことはそんなに思いどおりにはいかないでしょうから。

日本が軍隊を持とうが持つまいが、いやおうなく戦争に巻き込まれていく状態はあると思います。平和憲法護持と言っていた人たちが、その現実をどう受け入れるのか。そのとき、多少どころか、かなりの犠牲が発生するかもしれない。普通では実現できないものを守ろうとしたり、考えたり、そのとおりに生きようとすると、必ず犠牲が伴います。僕は、その犠牲を受け入れたいと思います。覚悟を持って、価値というものを守りたいと思う。

太田　憲法九条を世界遺産にするということは、状況によっては、殺される覚悟も必要だということですね。

中沢　突き詰めれば、そういうことです。無条件で護憲しろという人たち、あるいはこの憲法は現実的でないから変えろという人たち、その両方になじめません。価値あるものを守るためには、気持ちのいいことだけではすまないぞと。

パーツの集合体としての国家

太田　少し前、番組の中で、日本が軍隊を持つべきかどうかで、議論になったとき、あるゲストの方が「目の前で彼女がレイプされても、黙って見続けるのか」と、言ったんです。僕は、それは違うと思う。憲法の制約と、個人の行動は別だと思うんです。

中沢　そういう突きつけ方をする人は、よくいます。世界はひとつのレベルの現実でできているという、とかく日本人が陥りやすい考え方の典型でしょう。個人の現場で起こる個人のレベルの問題と、国家のレベルの問題を混同するのは、間違っています。

憲法は、あくまで国のコンスティチューションです。個人的な問題になったら、違う論理が動いていい。国家が動くレベルと、市民社会が動くレベルと、個人が動くレベルは、違っていなければいけない。法律や道徳、倫理とか、それぞれ違うレベルで、働いている。そういう違うものが寄り集まって、一つの大きな集合体になったのが国家です。その区分けをしないで、全体を一つのものだと考えるのは、とても危険な発想です。夫婦だってそうだもんね。一心同体なんてあり得ない。あっちゃいけない。それぞれが違う目的性や効率性を持って動きながら、全体として動いていく。

国家のやることは、すべて市民社会に敵対しているとして、それに反発した時代もありましたが、八〇年代ぐらいから、そういう考え方も落ち着いてきました。国家と市民社会をつなぐ通路をつくって、関係を調整していこうという方向に進んできています。しかし、国家の機構が市民社会と同じになってしまったら、また問題が発生します。選挙制度がそのことをよく物語っています。首相公選ということになれば、太田さんが首相になる可能性もゼロじゃない。当選する確率はきわめて高い。ビートたけしという好敵手はいるけれど（笑）。

太田　去年の衆議院選挙をはじめ、最近の選挙は、興ざめなことばかりですけどね。

中沢　同感だなあ。だけど、国家で起こることと、市民社会で起こることは、やっぱりある程度の分離がないといけないでしょう。

太田　僕も、憲法の制約と個人の問題は別だとは思います。ただ、そう言いつつも、キャラクターとして、そう言わざるを得ない人もいるだろうなとも思うんです。だって、ジョン・ウェインやクリント・イーストウッドみたいなヒーローは、拳銃を振り回して、ガンガンやる。それはやっぱり面白いわけです。中沢さんもさっき西部劇が好きだと言われたけれど、結局、どっちの方向に振れるかということなんですよ。

さっき選挙の話が出たけれど、最近、よく言われるんです。「太田さん、そろそろ出馬したらどうですか。政治家になるんでしょう?」って。「そのうち」って適当に答えてるけど、僕の中では、冗談じゃない、そんなつまらないところに行きたくないと思ってる。僕らが、芸人としてやっていることは、かつて自分が面白いと思ったり、感動したものが、原点になっています。

僕が芸人でいる理由

太田　たとえば、五木寛之さんの『青年は荒野をめざす』という小説。ナチスがユダヤ人の少女の皮を剝《は》いでランプのシェードにした。そんな残虐なことをやった連中の演奏した音楽に、ユダヤ人が感動してしまうという場面が出てくる。僕は、こういうことは、よく起こり得ることだと思うんです。感動というのは、善悪を超越したところで起こるものだし、僕らはそれを体験してきたと思う。

ジャズにしても、演奏者がドラッグをやっているから感動できないかと言えば、むしろ、より強く感動を覚えることもある。芸術とはそういうものですよね。だからこそ、僕は芸人でいるし、芸人を絶対やめたくないと思っています。

法律や制度に縛られて生きていかなければならない政治家などに、僕はならないし、芸人の側から物事を考えているほうが、絶対に面白いという確信がある。

日本国憲法は、合作の傑作だという話をしたけれど、政治と芸術も、それぞれ違うアプローチで合作ができれば、もう一つ先に進めるんじゃないか。僕は、もちろん芸人の側から、政治にアプローチし続けたいし、そこで手を結ぶことも可能だと思うんです。

中沢　芸術と政治が合体したときに生まれた最大の失敗作は、ナチでしょう。ナチズムの思想は、人間が人間を超えていこうとした。非人間的なものも呑み込んで、人間を前進させるんだという考えが、現実の政治とつながっていったとき、とてつもない怪物が生まれた。それ以来、政治の中に芸術や芸術的な思想を結びつけるのは危険だということで、ヨーロッパでは政治と芸術を分離させた。

ところが、日本国憲法は、ナチズムとは逆のことを実行してきました。この憲法自体、現実には存在し得ないことを語ろうとしているわけですから芸術に近いものだとも言えます。それを、日本は政治の原理にしようとしてきた。

ヨーロッパでは失敗した政治と芸術の合体を、何の拍子か、同じ敗戦国である日本が、その価値を全部逆転した形で成立させようとしてきた。それが戦後の日本の保ってきたユニークさでした。

しかし、いまの日本を見ると、今までささえてきた芸術的な部分もかなり疲弊《ひへい》してしまったし、それにあわせてつくられてきた政治体制も疲弊しきっている。そこで憲法九条という重要な芸術の部門を切り落とそうとしているわけです。日本の進む方向性として、これはかなりまずいですね。むしろ、両者の結合をさらに推し進めなければならないはずなのに。

世界遺産という言い方を僕はとても気に入ってます。政治と芸術的な思想の結合という、この奇蹟的なシステムを、リサイクルして再活用するために、そのスローガンはとてもすてきです。むしろ日本人にとっては、それが一番の現実思考なんですよ。

日本に蔓延する感受性の欠如

太田　そのために、僕は、芸人の立場から発信していこうと思っています。でも、何かを実現させるためには、日本や世界中の人たちの感受性が、もっと鋭くならなければいけないと思うんです。何かを見て、聞いて、感動する感受性が鋭くないと、理想とはどんどんかけ離れていく。しっくりこないと思います。

その意味で言うと、僕も含めてなんですが、今の社会全体が、感受性が鈍くなっている気がするんです。ホリエモンの話も、耐震強度偽装の問題も、彼らがなぜあんなことをしてしまうのかと言えば、感受性が鈍いからでしょう。想像力が欠如していますよね。こんな建物をつくったら、住む人間がどうなるかという想像力がまるでない。

中沢　ホリエモンもそうでしたね。最終的に彼が望んだのは、宇宙飛行だったでしょう。ああ、とうとうと思ったけれど、結局ドラえもんを超えなかった。お金の動いていくスピードのほうが想像力をはるかに上まわってたから、彼は子供みたいにあたふたするしかなかったんだろうね。

太田　そうです。頭の中で想像できたとしても、そこにリアリティが感じられるかどうかが感受性だと思うんです。僕も、年々、感受性が劣ってきているなと感じます。昔読んだ本を読み返してみても、かつてのように感動できなかったり、映画にしても、学生時代にあんなに敏感に読み取れたものが、今見ると、あれっというくらい鈍くなっている。

今、僕には、自分の感受性が落ちてきている危機感が、すごくあるんです。それは危険なことだなとも思う。藤田嗣治《つぐはる》の戦争画を、いまだに日本の美術界は封印していますよね。

戦争画を描いた戦犯だと言われ、日本を追われるようにして、戦後フランスに渡った藤田嗣治という人の周辺の事情は知っていたけれど、実際に僕が絵を見たのは、ずいぶん後になってからなんです。藤田が描いた他の絵は見られても、「アッツ島玉砕」などの戦争画は、いまだに展覧会すらできない状態です。初めて画集で「アッツ島玉砕」を見たときは、衝撃的でした。まさに地獄絵図と言っていい。

（注・二〇〇六年三月二十八日から五月二十一日まで、東京国立近代美術館にて、「生誕120年　藤田嗣治展〜パリを魅了した異邦人〜」が開催され、その後全国各地に巡回。展示された百点あまりの作品のうち、藤田が日本を離れるきっかけとなった戦争画も一部公開された）

あの絵を、戦意高揚の絵だとして、藤田嗣治を戦犯だと言った人たちの感受性とは、一体何なのだろうと思います。あの絵からは、戦争はもう嫌だということしか伝わってこない。なのに、いまだに日本の美術界がそれを封印しているのは、彼を戦犯だと言った人たちと同じ感性だということじゃないですか。美術界の人間ですら、そんな感受性しか持っていない。みんな、感動を忘れてしまっている気がします。若い人たちが、自殺サイトで死んでいくのも、この世の中に感動できるものが少ないからなんでしょう。それは、芸人として、僕らが負けているからなんだと思うんです。

テレビを通じて、彼らを感動させられるものを、何ら表現できていない。極論を言えば、僕の芸のなさが、人を死に追いやっているとも言える。だとしたら、自分の感受性を高めて芸を磨くしかないだろう、という結論に行き着くわけです。

中沢　かつて、こんな芸人がいただろうか（笑）。

太田　いや、僕自身が思い描く世界と、自分の芸のなさとのジレンマが常にあって……。

感受性を復活させるのは、死者との対話

中沢　藤田嗣治を埋葬してしまう類《たぐい》の話は、至るところにあります。僕の仕事も、かなりそういう部分に触れています。人類学というのは、結局、植民地時代の生んだ学問じゃないですか。そこで植民地主義だと批判されたり否定されたりする。先ほどでてきた、アルフレッド・クローバーも、否定されかねない。

西田幾多郎さんの哲学も、戦争、国策に協力したといって、白い目で見られてきました。

そういうことが至るところにあって、僕はそういうものを何とか引っくり返したいと闘ってきました。大きな危険が伴うことは、よくわかっているんですけど。

知恵を働かせて、埋葬されてしまったものを復活させていこうと思ってます。感受性の復活は、死んだ者を復活させたり、埋葬されてしまったものを復活させるために、生きている人間の努力の中からしか、実現できないですからね。

子供のときは、自然のままですから、感受性は鋭いんですが、四十歳ぐらいから劣化していきます。僕も確かにそうだった。

太田　どんどん劣化していきます。僕も四十を過ぎたから、かなりやばい。

中沢　ところが、そこから十年ちょっと経ってみると、今のほうがまた感受性が鋭くなっている。その理由を考えてみたら、死者との対話というか、語られずに消えてしまったものを蘇《よみがえ》らせる努力を、自分の中で繰り返してきたからかなとも思います。生きている人たちとつき合ってばかりいると、感受性は鈍くなってきますねえ。そうではなくて、死者との対話というものがいいですよね。死んでしまった者を、どうしたら蘇らせることができるのか。それを必死になって考え努力してみると、鈍くなり始めたものが、また生き生きと若さをとりもどしてくる。不思議ですね。いまいる人といると年を取り、死んだ者とともにいようとすると、生命のよみがえりを感じるわけですから。

コメディアンとして、太田さんは、芸術に深く関わっています。芸術は、死とか死者とか、この世界にすでにいない者、一瞬僕たちに語りかけようとしてすぐに消えてしまった者との対話に、深く入っていこうとする行為なんじゃないでしょうか。

太田さんのような思いを抱き続けて、笑いを追求していくと、今まで誰も実現できなかったものが、生まれてくる可能性があると思います。少数ながら、芸人の域を超えている才能を持った人もいましたもの。じっさい三遊亭円生の落語などは、もうすでに違う境地に入り始めていました。「牡丹灯籠」を聞いていると、この人は半分死んでいるな、死者の世界に足を突っ込んでいるな、と空恐ろしいものを感じます。

お笑い芸人の中で、そこまでの世界をつくり得た人は、そうはいません。太田さんが、いまの志をずっと持続したら、とっても面白くて、楽しくて、そして深くて怖いものが出てくるんじゃないかな。

合作としての表現

太田　「爆笑問題」を始めて、もう十八年ぐらいになりますが、年齢を重ねるごとに、仕事のアプローチの仕方も変わってきています。「太田光の私が総理大臣になったら…秘書田中。」という番組もそうですが、自分の思っていることを単刀直入な言葉にして、がんがん言う仕事が増えてきているんですね。周囲にそれを求められていることもあるけれど、僕の中のどこかに、それは芸人のやることじゃないという思いがある。円生師匠の落語は、芸のすごさで見せるわけです。そこがいつもジレンマになる。自己嫌悪に陥ってばかりです。

それでも、あきらめているわけでなく、最終的には芸に戻したいという気持ちは、すごく強いんですけど。

中沢　チャーリー・チャップリンが、最後まで自分の課題にしていましたね。それでも最後まで、世界の大問題を笑わせていたじゃないですか。やはり、彼には並みではないものを感じます。

太田　僕が何をやるかというと、自分の思っていることを物語にしたり、表現するための演技力を高めたりという、変換させる芸だと思うんです。

中沢　生の言葉が、生ではなくなる世界をつくるということなんでしょうね、きっと。

太田　中沢さんに勧められて、ミラン・クンデラの『不滅』を読んだときに、これかもしれない、と思ったことあったんです。人間の仕草についての考察なんですが。

中沢　第一部「顔」の冒頭にある表現ですね。

太田　そうです。クンデラは、仕草について、こう表現しています。「この世には、個人の数より仕草の数のほうが少ないことは明白である。そこでわれわれは不快な結論に導かれる。つまり、仕草のほうが個人そのものより個性的なのだ」、あるいは「仕草のほうこそわれわれを利用しているのだ。われわれは仕草の道具であり、操り人形であり、化身である。」（集英社文庫『不滅』菅野昭正訳　第一部「顔」より）。

これを読んだときに、理由はよくわからないけれど、ああ、仕草なのかと思った。僕らは、言葉を武器にして表現しているけど、表現手段として、言葉よりも仕草のほうが強いんじゃないかと。では、どうすれば、仕草が言葉を乗り越えられるのか。それを考えるのは至難の業だと思うけれど、僕はその方向にヒントがあるような気がする。

中沢　クンデラは、仕草とは永遠をつくるものだ、と言っています。

遺伝子のように伝わる言葉

太田　ＳＭＡＰが歌っていた「トライアングル」という曲を聞いて、僕はすごくいいなと思ったんです。「笑っていいとも」の去年の忘年会で、一緒にレギュラーをやっている香取慎吾君に会ったときに、「あの歌はいいね」という話をしたんです。僕が、テレビに出て、ああでもない、こうでもないと、ワァワァ言葉で言っても、ＳＭＡＰがメロディに乗せて歌う発信力にはかなわない。俺がこんなに四苦八苦して表現しようとしていることを、いとも簡単に伝えてしまう。やっぱり俺は、ＳＭＡＰにはかなわねぇって。

クンデラの言う「仕草」も、歌やメロディに似てますね。言葉をメロディに乗せることで、伝わりにくい言葉が、直《じか》に心に訴えてくる。エイズの遺伝子治療にも似てます。骨髄から細胞を採取して、ベクターという物質を用いて、体外で遺伝子を組み換える。その細胞を体内に戻すと、すぐ患部にまで到達して、エイズウイルスの増殖を防ぐ働きをするらしい。いい歌というのは、遺伝子治療のような伝わり方をしますよね。

そう思うと、僕がいくら言葉を重ねても、何だかとても空しく感じると、香取慎吾君に言ったんです。すると、慎吾ちゃんはこう言った。「僕は、太田さんを見ていて、熱いなって思う。政治家の人たちとも、自分の意見を言い合って、一歩も引かない。そんな太田さんを見ているのは、すごく好きです。でも一方で、どうして太田さんは、こんなに世の中から理解されないんだろうとも思う」と。これは慎吾ちゃんの実感だと思うんです。僕自身、そう感じていますから。

中沢　トリックスターは、どんなにしても最終的には理解されないところがあるからね。

太田　だからこそ「トライアングル」という曲は素晴らしいし、今や国民的歌手であるSMAPが、その曲を軽々と歌えちゃうかっこよさたるや、ない。彼にそう言うと、「ごめんなさい。でも僕ら、そこまで考えてないんですよ」と言われた。そこで、またショックを受けたんですね。ああ、そこまで考えていないことがすごいんだって。

一般の若い女の子たちが、何に食いつくかと言えば、木村拓哉のかっこよさだったり、踊りだったり、歌のうまさだったりするわけです。そこが僕には、決定的に欠けている。

中沢　ＳＭＡＰのメッセージが遺伝子治療のように、すーっと相手に入っていくことができるのは、相手の心が受容器となって自分を開いているからだと思うよ。その意味では、きっとＳＭＡＰと女の子たちが、合作しているんだよ。日本国憲法がどんなに問題をはらんでいたとしても、日本人の心に深く入っていくものがあった。今のＳＭＡＰの話とよく似ているね。

太田　ジョン・レノンでさえ成し得なかったことが、僕なんかにできるわけがない、そこまでの才能はないと思っちゃいますね。だけど、自分のやっていることが世界をもしかすると変えることになる、という可能性を感じられれば、すごく楽しくなる。

中沢　そのパラノイアを僕は太田さんと共有しています。世界を変えたいという、狂気じみた願いにとりつかれている。ただ世界を変えようとする思想がひっかかりやすい一番の罠《わな》が「平和」です。この平和というやつを表現することがいかに難しいか。ジョン・レノンだってそんなにうまくできてないかも知れない。むしろ失敗だったかも知れない。それほど「平和」を表現するのはむずかしいことです。戦争を語ることよりずっとむずかしい。それ天国のことより地獄のことのほうが、表現しやすいものね。平和というのが、一番手ごわいテーマなんですよ。
しかし世界遺産としての憲法九条を究極に置いて、そこに映し出される自分たちの思想と表現を磨いていけば、いまのような混乱から抜け出ていく道がつけられるんじゃないかと僕は確信していますね。

太田　自己嫌悪とジレンマの連続ですが、今が踏ん張りどきです。僕なりに、世界遺産を守る芸を磨いていきたいと思います。

濃密な時間のあとで

……………………………………中沢　新一

憲法九条を含む日本国憲法は、たしかに尋常でないつくりをしている。憲法は国家の構成原理を明確なことばで表現したものであり、国家というものを（幻想でできた）生命体にたとえてみれば、とうぜんそれは生命体としての同一性を保つために、免疫機構をそなえていなければならない。自分と他者を見分けて、自分の内部に外からの異質な力や存在が侵入してこようとすると、国家はすぐさまある種の免疫機構を発動させて、これを自分の外に押し出そうとする。その際にはしばしば武力が行使される。またほかの生命体と空間や資源をめぐって、あらそいをおこすこともあり、その場合にはより大規模な武力行使である戦争が発生することもある。いずれにしても、国家と戦争はきってもきれない関係で結ばれているのである。

ところが、日本国憲法は第九条において、いかなるかたちであれ、国家間の紛争解決の手段としての戦争を放棄する、と言うのである。さきほどの免疫機構の比喩で言えば、日本という国家は、その機構の最深部分で、自ら免疫機構を解除しようと思う、と語っているのと同じである。このような思想をもつ憲法は、すくなくとも現代国家のなかで日本のものだけである。常識的に考えるかぎり、このような国家思想は尋常ではない。ほかの国家はこのような免疫解除原理にもとづいていないわけだから、とうぜん現実政治の現場では多くの矛盾が発生することになる。そしてこれまで日本は、そうした矛盾が発生するたびごとに、トリッキーなやり方で、困難な事態をなんとか切り抜けてきた。

自らの存在の深部に、免疫抗体反応の発動を否定しようとしてきたものが、憲法九条以外に、この世にはすくなくともふたつある。ひとつは母体である。女性のからだは、自分の身体のうちに自分とは異なる生命体が発生してきたとき、異物にたいして敏感に反応するはずの免疫機構を部分的に解除して、その異物を数ヶ月にわたって、いつくしみ育てる。そうやって新しい生命の誕生が可能になるのである。

もうひとつは、神話である。神話はかつて人間と動物は兄弟同士であった、と語ることによって、おたがいのあいだに発生してしまったコミュニケーションの遮断と敵対的関係を、すくなくとも思考によって乗り越えようとしてきた。動物から見れば、人間と動物のあいだには、潜在的な戦争状態があり、それによっておたがいの交通は決定的に壊されてしまったのであるけれど、神話は動物もまた別の姿をした一人の人間であると考えることで、この他者たちを同胞として受け入れようとしてきた。のちに生まれた偉大な宗教思想は、数万年にわたって神話が育て上げてきた免疫否定的なこの思想を、大きな国家群が発生したのちの世界に、もういちどよみがえらせようとしたものである。

つまり、憲法九条に謳《うた》われた思想は、現実においては女性の生む能力がしめす生命の「思想」と、表現においては近代的思考に先立つ神話の思考に表明されてきた深エコロジー的「思想」と、同じ構造でできあがっていることになる。どこの国の憲法も、近代的な政治思想にもとづいて書かれたものであるから、とうぜんのことながら、そこには生命を生むものの原理も、世界の非対称性をのり越えようとする神話の思考なども、混入する余地を残していない。ところが、わが憲法のみが、その心臓部にほかのどの憲法にも見いだされない、尋常ならざる原理をセットしているのだ。

日本国憲法が「世界遺産」に推薦されてしかるべき理由は、そこにある。私たちはこの対談をとおして、世界遺産的な憲法を戴《いただ》くことの利益と不利益を解明してみようとした。ただし不利益については、別に多くの人々がすでに声高に語っていることでもあるし、私たちはもっぱらそのことがもたらす利益と、かりにそれを日本人自らが葬ってしまったときにもたらされるであろう不利益について、考えてみることにした。私たちはどのような結論であっても、それを他人に押しつけようとは思わない。しかし憲法九条を「世界遺産」のひとつとして考えてみるときにははっきりと見えてくるこの国のユニークさだけは、明瞭にしめすことができたのではないかと思う。

この小さな本が、日本人の行く末を照らす、小さいが力強い懐中電灯になってくれたら、とてもうれしい。この対談の企画を立て、実現のための努力を惜しまれなかった集英社新書編集部長の鈴木力さんとタイタン社長太田光代さん、雑誌「すばる」編集長の長谷川浩さんに、心よりのお礼の気持ちを伝えたい。

本書の一部は、「すばる」二〇〇六年七月号、八月号に「宮沢賢治と日本国憲法」、「憲法九条を世界遺産に」として掲載されました。

太田 光（おおた ひかり）

一九六五年埼玉県生まれ。日本大学芸術学部中退。八八年、大学同級生の田中裕二とお笑いコンビ「爆笑問題」結成。二〇〇六年、芸術選奨文部科学大臣賞受賞。

中沢新一（なかざわ しんいち）

一九五〇年山梨県生まれ。東京大学大学院人文科学研究科修士課程修了。多摩美術大学芸術人類学研究所所長・教授。著書に『チベットのモーツァルト』『アースダイバー』『緑の資本論』ほか多数。小林秀雄賞など受賞多数。

憲《けん》法《ぽう》九《きゅう》条《じょう》を世《せ》界《かい》遺《い》産《さん》に

集英社新書〇三五三C

二〇〇六年 八 月一七日 第一刷発行
二〇〇六年一〇月 四日 第六刷発行

著者……太田《おおた》 光《ひかり》／中沢《なかざわ》新一《しんいち》
発行者……大谷和之
発行所……株式会社集英社
東京都千代田区一ツ橋二-五-一〇 郵便番号一〇一-八〇五〇
電話 〇三-三二三〇-六三九一（編集部）
〇三-三二三〇-六三九三（販売部）
〇三-三二三〇-六〇八〇（読者係）

装幀……原 研哉
印刷所……凸版印刷株式会社
製本所……加藤製本株式会社
定価はカバーに表示してあります。

ISBN 4-08-720353-0 C0231

Printed in Japan

a pilot of wisdom

a pilot of wisdom

a pilot of wisdom

集英社新書　好評既刊

大人のための幸せレッスン

志村季世恵　0343-E

日常のちょっとした工夫や考え方で毎日が変わる。人気セラピストが〈幸せ思考〉のヒントを具体的に提案。

サッカーW杯 英雄たちの言葉

中谷綾子アレキサンダー　0344-H

世界中を熱狂させるスーパースターたちもピッチを離れると、私たちと同じように悩み、傷ついている！

ヤバいぜっ！デジタル日本

高城 剛　0345-B

ITやデジタルは終わった!? 次は何だ？ 日本生き残りの可能性を分析、ハイブリッド・スタイルを提案。

娘よ、ゆっくり大きくなりなさい

堀切和雅　0346-E

現在の医学では治癒不可能というミトコンドリア病の娘を抱え、日々いのちと向き合う。静かな感動の手記。

戦争の克服

阿部浩己／鵜飼 哲／森巣 博　0347-A

戦争をなくすことは可能か――異色の作家の「人類最大の難問」に、哲学者、国際法学者はどう答えたか。

「権力社会」中国と「文化社会」日本

王雲海　0348-A

日中大誤解の真因である「社会特質」の違いに着目し、「深層的相違」に迫る。気鋭の学者による刺激的論考。

アメリカの原理主義

河野博子　0349-B

保守回帰を強めるアメリカ社会。宗教右派を中心にした「もう一つの原理主義」の現状を多角的に検証する。

独創する日本の起業頭脳

垂井康夫／武田郁夫編　0350-B

目先の利益を追わず、独創と開拓者精神にこだわり、世界一、日本一をめざした八人の起業家の「志」とは。

ブッダは、なぜ子を捨てたか

山折哲雄　0351-C

わが子に〝悪魔《ラーフラ》〟と名づけ、妻子を捨て家を出た若き日のブッダ。その謎を追い、ブッダの思想の真髄に迫る。

日本神話とアンパンマン

山田 永　0352-F

『古事記』をはじめとする神々の物語をアンパンマンワールドにそってわかりやすく解説・解読すると……。

既刊情報の詳細は集英社新書のホームページへ
http://shinsho.shueisha.co.jp/